全国教育科学规划课题、教育部重点课题"日本高等专门学校发展的经验与中国的路径研究"(课题编号:DDA190323)

光明社科文库
GUANGMING DAILY PRESS:
A SOCIAL SCIENCE SERIES

·教育与语言书系·

日本高等专门学校发展经验研究

甫玉龙　于颖 | 著

光明日报出版社

图书在版编目（CIP）数据

日本高等专门学校发展经验研究 / 甫玉龙，于颖著．－－北京：光明日报出版社，2023.11

ISBN 978－7－5194－7401－0

Ⅰ．①日… Ⅱ．①甫… ②于… Ⅲ．①高等职业教育—研究—日本 Ⅳ．①G718.5

中国国家版本馆 CIP 数据核字（2023）第 231041 号

日本高等专门学校发展经验研究
RIBEN GAODENG ZHUANMEN XUEXIAO FAZHAN JINGYAN YANJIU

著　　者：甫玉龙　于　颖	
责任编辑：宋　悦	责任校对：刘兴华　乔宇佳
封面设计：中联华文	责任印制：曹　净

出版发行：光明日报出版社

地　　址：北京市西城区永安路 106 号，100050

电　　话：010－63169890（咨询），010－63131930（邮购）

传　　真：010－63131930

网　　址：http://book.gmw.cn

E－mail：gmrbcbs@gmw.cn

法律顾问：北京市兰台律师事务所龚柳方律师

印　　刷：三河市华东印刷有限公司

装　　订：三河市华东印刷有限公司

本书如有破损、缺页、装订错误，请与本社联系调换，电话：010-63131930

开　　本：170mm×240mm

字　　数：180 千字　　　　印　　张：13

版　　次：2024 年 4 月第 1 版　　印　　次：2024 年 4 月第 1 次印刷

书　　号：ISBN 978－7－5194－7401－0

定　　价：85.00 元

版权所有　　翻印必究

目 录
CONTENTS

第一章 导 论 …………………………………………………… 1
  一、选题缘起与研究意义 ……………………………………… 1
  二、文献综述 …………………………………………………… 3

第二章 日本高等专门学校设立的背景与发展定位 …………… 20
  第一节 日本高等专门学校设立的背景分析 ………………… 20
    一、日本经济高速增长期对教育的需求 …………………… 21
    二、经济高速增长期产业界迫切要求设立高等专门学校 … 22
  第二节 日本高等专门学校的发展定位 ……………………… 24
    一、日本工业高中的人才培养 ……………………………… 24
    二、日本四年制大学的人才培养 …………………………… 31
    三、日本高等专门学校的人才培养 ………………………… 33
    四、日本高等专门学校与专修学校 ………………………… 36

第三章 日本高等专门学校发展的历史回顾 …………………… 44
  第一节 日本高等专门学校制度创设的历程 ………………… 44
    一、高等专门学校创设的历程 ……………………………… 45

1

二、日本高等专门学校设置的变迁 …………………………………… 50
第二节　日本高等专门学校制度的修订与审议会的答申 ………… 55
　一、初期的升学对策与专攻科的构想 ………………………………… 55
　二、技术科学大学的创设 ……………………………………………… 56
　三、编入四年制大学的学生人数不断增加 …………………………… 57
　四、从高中编入高等专门学校 ………………………………………… 58
　五、从数量的增加到质量的提升 ……………………………………… 59
　六、1991年相关法律进行大幅度修订 ………………………………… 60
　七、学科领域的扩大 …………………………………………………… 61
　八、专攻科的设置 ……………………………………………………… 62
　九、高专毕业生的准学士称号 ………………………………………… 63
　十、专攻科毕业生的学士号 …………………………………………… 64
　十一、高专设置基准的大纲化 ………………………………………… 64
　十二、高专的自我评价与外部评价 …………………………………… 65
　十三、高专的名称变更问题 …………………………………………… 67
　十四、独立行政法人化之应对 ………………………………………… 68
第三节　日本高等专门学校的特点 …………………………………… 69

第四章　日本高等专门学校的人才培养 …………………………… 72
第一节　日本国立高等专门学校的人才培养与发展特点 ………… 73
　一、日本国立高等专门学校人才培养的特殊性 ……………………… 73
　二、日本国立高等专门学校的课程设置 ……………………………… 78
　三、丰田工业高等专门学校的特点分析 ……………………………… 81
第二节　日本公立高等专门学校的人才培养与发展特点 ………… 83
　一、东京都立工业高专 ………………………………………………… 83
　二、东京都立航空高专 ………………………………………………… 84
　三、东京都立产业技术高专 …………………………………………… 85

四、大阪府立高专 ⋯⋯⋯⋯⋯⋯⋯⋯⋯⋯⋯⋯⋯⋯⋯⋯⋯⋯ 85

　第三节　日本私立高等专门学校的人才培养与发展特点 ⋯⋯ 86

　　一、私立高专发展的历史 ⋯⋯⋯⋯⋯⋯⋯⋯⋯⋯⋯⋯⋯⋯ 86

　　二、私立高专的现状 ⋯⋯⋯⋯⋯⋯⋯⋯⋯⋯⋯⋯⋯⋯⋯⋯ 87

　　三、私立高专的未来 ⋯⋯⋯⋯⋯⋯⋯⋯⋯⋯⋯⋯⋯⋯⋯⋯ 88

　第四节　日本工程教育专业认证的现状与特点 ⋯⋯⋯⋯⋯⋯ 88

　　一、日本工程教育专业认证基准的变化及特点 ⋯⋯⋯⋯⋯ 90

　　二、日本工程教育专业认证项目的分析及特点 ⋯⋯⋯⋯⋯ 91

　　三、日本高等工程教育专业认证的特点分析 ⋯⋯⋯⋯⋯⋯ 94

　　四、对我国的启示 ⋯⋯⋯⋯⋯⋯⋯⋯⋯⋯⋯⋯⋯⋯⋯⋯⋯ 95

第五章　日本高等专门学校的改革动向与特色 ⋯⋯⋯⋯⋯⋯ 101

　第一节　近期日本高等专门学校的改革动向 ⋯⋯⋯⋯⋯⋯⋯ 101

　　一、共同教育项目的开展 ⋯⋯⋯⋯⋯⋯⋯⋯⋯⋯⋯⋯⋯⋯ 102

　　二、机构认证与评价 ⋯⋯⋯⋯⋯⋯⋯⋯⋯⋯⋯⋯⋯⋯⋯⋯ 102

　　三、JABEE 认定 ⋯⋯⋯⋯⋯⋯⋯⋯⋯⋯⋯⋯⋯⋯⋯⋯⋯⋯ 103

　　四、专攻科学位审查 ⋯⋯⋯⋯⋯⋯⋯⋯⋯⋯⋯⋯⋯⋯⋯⋯ 104

　　五、国际化的推进 ⋯⋯⋯⋯⋯⋯⋯⋯⋯⋯⋯⋯⋯⋯⋯⋯⋯ 105

　　六、中央教育审议会的改革动向 ⋯⋯⋯⋯⋯⋯⋯⋯⋯⋯⋯ 107

　第二节　日本国立高等专门学校的改革动向 ⋯⋯⋯⋯⋯⋯⋯ 108

　　一、作为法人的目的 ⋯⋯⋯⋯⋯⋯⋯⋯⋯⋯⋯⋯⋯⋯⋯⋯ 109

　　二、组织、运营与成员 ⋯⋯⋯⋯⋯⋯⋯⋯⋯⋯⋯⋯⋯⋯⋯ 109

　　三、机构的目标和评价 ⋯⋯⋯⋯⋯⋯⋯⋯⋯⋯⋯⋯⋯⋯⋯ 109

　　四、管理运营 ⋯⋯⋯⋯⋯⋯⋯⋯⋯⋯⋯⋯⋯⋯⋯⋯⋯⋯⋯ 112

　第三节　日本高等专门学校的发展特色 ⋯⋯⋯⋯⋯⋯⋯⋯⋯ 113

　　一、日本高等专门学校的就职教育 ⋯⋯⋯⋯⋯⋯⋯⋯⋯⋯ 113

　　二、高专学生的课外活动与日本全国大会 ⋯⋯⋯⋯⋯⋯⋯ 114

3

三、高专学生宿舍生活的相关指导 …………………………………… 116
四、高专学生指导的困难期 …………………………………………… 117
五、高专的学生咨询与生活辅导 ……………………………………… 118
六、高专教师教育教学能力的提升 …………………………………… 119
七、地区合作与研究活动 ……………………………………………… 121
八、设施的开放与公开讲座 …………………………………………… 122
九、留学生交流与开展国际交流事业 ………………………………… 124
十、高专的后援会和同窗会 …………………………………………… 125
十一、日本高等专门学校的历次纪念活动 …………………………… 126

第六章　我国高等职业教育的历程及京津高等职业教育发展现状 …… 128
第一节　我国高等职业教育发展概述 …………………………………… 128
一、初步形成阶段（1949—1976 年） ………………………………… 129
二、恢复发展阶段（1978—1999 年） ………………………………… 130
三、改革发展阶段（2000—2018 年） ………………………………… 131
四、内涵发展阶段（2019 年至今） …………………………………… 134
第二节　我国高等职业教育发展的现状与问题 ………………………… 136
一、北京高等职业教育发展的现状与问题 …………………………… 137
二、天津高等职业教育发展的现状与问题 …………………………… 146

第七章　结论与展望 …………………………………………………… 167
第一节　主要结论 ………………………………………………………… 168
第二节　日本高等专门学校的困境 ……………………………………… 170
一、困境之一：逃离理工科的危机 …………………………………… 171
二、困境之二：高专毕业生的迷茫 …………………………………… 173
第三节　未来展望 ………………………………………………………… 176
一、日本社会的危机与困境 …………………………………………… 176

二、日本教育的迷茫与出路 …………………………………… 178

参考文献 ……………………………………………………… 184

附录1 日本高等专门学校制度简略年表 …………………… 188

附录2 日本高等专门学校入学人数一览表(1962—2011年) ………… 195

致　谢 ………………………………………………………… 198

第一章

导　论

日本高等专门学校是 1962 年新建的一种高等教育机构，它从初中毕业生中招生，学制五年。与四年制大学、短期大学相比，工业高等专门学校虽然其数量不多，但是作为经济高速增长时期出现的一种新型的高等教育机构，其产生的背景及所具有的特殊性值得深入考察。

一、选题缘起与研究意义

（一）选题缘起

20 世纪 90 年代末以来，我国高等教育实现了跨越式的发展，2018 年高等教育毛入学率已达到 48.1%，2022 年高等教育毛入学率已达到 57.8%，我国高等教育已经从大众化阶段迈向普及化阶段。1999 年的本科招生扩招，2003 年的研究生招生扩招。高校的扩招导致了高等学校教学质量的严重下滑，高校的专业设置结构、层次与市场需求相脱节，供求关系不明确，大批高校毕业生找不到对口的就业单位，导致了高等教育资源的严重浪费。"应用型本科"院校（指以应用型为办学定位）是近年来兴起的，对于满足我国经济社会发展，满足社会主义市场经济对高层次应用型人才的需求起到了积极的促进作用。"应用型本科"是对新型的本科教育和新层次的高职教育相结合的教育模式的探索，部分省属本科院校与国家级示范性高等职业院校、国家大型骨干企业联合试点，培养适应社会经济发展需求的应用型本科专业人才。2014年3月我国教育部明确指出改革方向，全国普通本科高等院校1200所学校中，将有600多所逐步向应用技术型大学转变，转型的大学本科院校约占高校总数的50%。

随着高等教育改革和调整的不断深入，"应用型本科"所面临的问题陆续凸显出来。第一，强化实践教学还未形成一致的理念。部分师生对应用型人才培养模式的认识和强化实践教学的重要性认识还仅仅停留在表面上，缺乏深层次的认识。第二，适应高素质应用型人才培养的教学手段和教学方法仍显短缺和落后。多媒体教学设施短缺，实训模拟场地限制了学生更多培养动手能力的机会。第三，校外实习基地建设薄弱，远远不能满足教学实践的需要。现阶段的实习基地，普遍存在浮于形式的现象。第四，实践教学师资力量有待提高。教师中能够适应满足实践实训的人数占比不高，大量年轻教师从高校毕业后进入学校从事教学工作，缺乏实践教学环节的专门训练，自身尚不能成为行家里手，难以胜任相关的实践指导工作。第五，教学计划仍需进一步调整和完善。目前，在教学计划中，除去一定量的课时外，实际可用于学生实践和动手的学时仍显不足。第六，教学评价机制空缺。现行的评价机制不能满足实践教学改革的需要，不能起到强化鼓励实践教学环节的作用，也没能调动实践教学环节改革创新的积极性。日本高等专门学校创立于20世纪60年代，如今已经走过了五十多年的历史，聚焦于日本高等专门学校发展的经验与问题，探讨我国当前高等职业教育改革中面临的问题，为我国从经济高速增长阶段向经济的高质量发展阶段平稳过渡提供参考与建议。

（二）研究意义

从学术价值而言，本选题将研究重心从对日本高等职业教育的泛泛而谈聚焦到了创立于日本经济高速增长时期的具有特殊代表性的高等专门学校上来，同时突出我国当前的问题意识。1955年日本进入经济高速增长时期，高等专门学校正是在经济高速增长时期应运而生的一种学校类型，针对日本当时高等教育所出现的专业结构、层次、门类与市场需求相脱节的问题，日本政府在20世纪60年代和70年代进行了一些有力的调整，于1962年设立了高等专门学校这一特殊的学校类型。历经了五十多年的发展，有力地促进了日本经济的高速发展，得到了日本产业界的高度好评，高素质的毕业生作为"技术精英"广泛活跃于各个产业领域，毕业生具有较高的就业率，深受社会的欢迎。历经了五十多年的发展与变迁，日本高等专门学校取得了显著的成绩，也面临一些凸出的问题。随着日本高等教育大众化的不断推进，日本高等专门学校的毕业生中有更多的学生选择在毕业后升入专攻科或者通过考试进入四年制大学进一步深造，成绩优异者还将进一步升入研究生院攻读硕士和博士学位。尤其是进入20世纪90年代以来，曾经辉煌一时的高等专门学校面临一系列的新问题。从梳理日本高等专门学校发展的历史与经验中，我们可以参考与借鉴，对于我国当下高等职业教育改革与发展必将有所助益。

从应用价值而言，本选题针对我国目前高等职业教育改革中凸显的问题，从日本经济高速增长时期高等教育调整的经验中进行参考与借鉴，有助于我国经济社会从高速增长时期向经济高质量发展时期的平稳过渡，增进社会和谐。日本高等专门学校在创设的过程中，广泛听取了来自社会各界，尤其是产业界的建议与意见。在20世纪60年代创立之后，又历经了1972年、1976年和1992年的几次较大的调整与改革，高等专门学校实现了向技术科学大学、专攻科等大学本科教育层次的延伸，乃至将技术教育贯穿到了研究生层次的硕士和博士阶段的体系化，最终在高等教育领域形成了与普通高等教育体系相互融合又自成体系，完整而独立的职业技术教育体系。

二、文献综述

（一）国内的研究现状

据研究者目力所及，国内对日本高等专门学校问题的关注自20世纪90年代中期以来，尤其是进入21世纪以来，正逐步引起国内学者的注意，研究成果陆续涌现。但总体来看，无论从研究程度还是成果数量都还比较有限。关于这方面的相关著作仅有胡国勇老师的《日本高等职业教育研究》（2008）、汪辉老师的《日本近现代工程教育研究》（2011）、于颖老师的《日本高等教育发展与其国家竞争优势》（2017）、韩玉老师的《日本职业技术教育研究》（2020）的几部著作。而这几部著作或将目光锁定在日本高等职业教育的整体发展状况上，或由于聚焦近现代日本工程教育的发展故而对日本高等专门学校的发展泛泛而谈，研究有待深入。此外，近年来，学术界对日本高等专门学校的关注还体现在硕士论文层面，例如，刘净净（2017）等人。这些研究有些是限于硕士论文的篇幅，对问题的探讨有待于深入；有些是对问题的探讨未能多角度、多层面。此外，现有的相关研究成果主要体现在一些期刊论文中。这些研究基本分为三类：第一类是在日本高等教育的相关研究中，对日本高等专门学校的内容略有提及，例如高益民老师等；第二类是对日本高等职业教育的现状描述与介绍，例如陈武元老师、李守福老师、施雨丹老师等；第三类是对日本高等专门学校的制度沿革、优势特征加以论述，例如陆素菊老师、张玉琴老师等。现有的研究成果中，理论研究比较单薄，实证研究的研究方法有待多样化，研究与分析有待进一步深入。

1. 关于日本经济发展与日本高等教育的研究

在日本经济高速发展的时期里，日本政府和经济界始终把教育政策规划纳入国民经济发展规划中。从20世纪50年代中期到70年代初，赶超西方列强并确立经济大国的地位是日本的基本国策，教育的发展与改革也随之成为经济发展的工具①。学者于洪波认为，从20世纪50年代中期到70年代初期，经济的高速发展和技术革新极大地改变了战后日本民主主义教育的发展方向；国家的行政统制和经济界的强行干预，使日本教育几乎成为政治和经济发展的附庸。当教育本身除经济发展不再具有其他独特的目

---

① 于洪波. 日本经济高速发展时期的教育政策述评[J]. 河北大学学报（哲学社会科学版），2003（2）：26.

的之时，那么所有的人就会屈从于残酷的利益原则，作为个体追求美好生活的理想也就无从实现①。

日本的基础教育、职业技术教育、高等教育和成人教育都很发达，在每一种教育系统内均把重点放在科技教育上，使其与产业发展形成各种接合点，从而成为日本经济腾飞的一个极其重要的因素。日本政府和产业界在实现经济现代化的进程中，他们首先发展学校教育并不断增加科技教育的分量，以保证企业有高质量劳动力的供应与技术力量的成长。同时积极发展职业技术教育，使进入企业的劳动力能尽快适应生产技术进步的要求。此外，在企业技术水平不断提高的基础上，进一步扩大科技队伍，形成优秀的技术群体，使先进技术尽快物化为直接生产力，从而提高产品的技术含量和竞争能力。从日本教育先行和科技进步促进生产发展和经济高涨的基本做法和成功经验中，我们清楚地看到：当代日本之所以成为泱泱经济大国，主要受益于教育，尤其受益于科学技术教育②。

国家发展是包括经济与社会其他事业在内的全面发展。高等教育的发展，乃至教育整体的发展，与国家发展之间究竟存在着怎样的关系，这是迄今为止我们一直都在探讨的课题。但是，由于高等教育的发展包括不同的层次与类型，国家的发展也富含不同维度的界定，因此，何种层次的高等教育或类型的高等教育与哪一种维度的国家发展相适应，处于何种发展阶段的国家经济对高等教育的发展存在着制约？这都是值得研究者去深入探讨的问题。但有一点是值得肯定的，在经济发展的某一阶段，高等教育在政策与结构层次的及时调整，促进了该阶段国家经济的发展，准确地说，一方面及时地提供了经济发展所需要的各层次的人才，另一方面也满足了随着经济水平的提高，国民对高等教育的需求；而经济的发展又保障

---

① 于洪波. 日本经济高速发展时期的教育政策述评［J］. 河北大学学报（哲学社会科学版），2003（2）：29.
② 迟文岑. 论日本的科技教育与经济腾飞［J］. 烟台大学学报（哲学社会科学版），1997（1）：67.

了高等教育发展所需要的资金，促进了高等教育的发展。这样，我们就可以称之为，高等教育与该阶段的经济发展是相适应的或者说是相协调的。

罗斯托（Walt W. Rostow）认为，为了实现成熟的经济，所有社会都必须经过以下五个阶段，即传统阶段、准备起飞阶段、起飞阶段、走向成熟阶段和高度消费阶段。为了实现"经济起飞"，传统社会需要经历一系列政治、经济和社会结构的变革，包括人们的价值观念的变革①。而在引进先进技术和探索崭新的科学技术以及转变国民的价值观念，教育的作用必不可少。我国经济学家厉以宁教授通过研究表明，教育在促进一个国家经济增长中的作用，大致可以分为五个方面②：第一，它向社会提供了一支能在科学上有所发现、发明，在生产技术上有所创新、有所变革的科学研究和设计队伍；第二，它向社会提供了能掌握和运用先进生产方法的技术队伍；第三，它向社会提供了适应工业化水平的生产和技术管理人员的队伍；第四，它提高了全社会的科学文化水平，为新产品的推广和使用，为先进科学技术的普及与提高准备了条件，同时也为今后技术力量的成长提供广阔的基础，为源源不断的高质量的科研人员、工程技术人员、管理人员和熟练工人的供给提供了保证；第五，它使社会积累起来的科学知识和生产经验得以保存和传播。

在近现代世界主要国家崛起和发展的历史过程中，教育的促进作用虽不引人瞩目却十分重要。老牌资本主义国家和新兴资本主义国家的近现代发展史都证明，教育不仅促进国家经济发展和财富增长，而且促进其社会文明的全面进步。教育的这种促进作用往往是间接而复杂的，难以立竿见影却深刻长远。在社会发展和国家崛起的过程中，科学合理的投入、适应时代要求的教育内容和教育方式、自由宽松的教育发展环境等，都是教育

---

① 顾明远，薛理银. 比较教育导论——教育与国家发展［M］. 北京：人民教育出版社，1996：183.
② 顾明远，薛理银. 比较教育导论——教育与国家发展［M］. 北京：人民教育出版社，1996：184.

能够更好地发挥积极促进作用的重要条件[①]。

日本学者认为，雇佣年数超过30年，称得上是终身雇佣的也仅限于员工人数超过1000人的大企业，员工均为男性，而这群人（指终身雇佣者）占劳动总人口的比例只有8.8%[②]，所以，终身雇佣制不能被称为日本社会的历史传统。时至今日，在日本社会中也只有公务员或是大企业的高级白领的一种带有特权性质的雇佣形态。

第二次世界大战结束以后，日本劳资关系发生了一些变化。劳资双方围绕着生产管理展开了激烈的斗争，当时的劳动者追求"生产的社会性管理"，要求参与企业的经营管理，做企业的主人。20世纪50年代争论的焦点主要在于反对解雇。据统计，1957年日本企业中连续工作10年以上的劳动者的比率为15.8%[③]。因此，企业的经营者开始意识到解雇员工容易引起劳资纷争，他们开始转变策略，建立劳动组织，协调劳资关系，逐渐建立长期雇佣的体制（即终身雇佣体制）。在经济高速增长时期，随着经济快速发展的需要，终身雇佣制也进行了一些调整，逐步建立了岗位调换的机制。20世纪90年代，由于经济不景气，雇佣过剩的情况越发严重，最后发展到企业内部无法解决。非正式员工作为调整的手段出现了。派遣劳动者在非正式员工中所占比例约为8%[④]，其余大部分都是合同工。综上所述，日本企业的雇佣机制随着市场的变化不断进行调整，20世纪50年代聚焦的是解雇员工的问题，60年代是岗位调换问题，70年代是调职问题，90年代是非正式员工的问题。如果说，90年代以前的岗位调整以及调职是企业内部的调整，是属于日式雇佣体制的内部调整，90年代以后这

[①] 项贤明. 教室里的强国动力——教育在近现代世界主要国家崛起过程中的重要促进作用［J］. 北京师范大学学报（社会科学版），2006（3）：5.
[②] 野口悠纪雄. 失去的三十年：平成日本经济史［M］. 郭超敏，译. 北京：机械工业出版社，2022：266.
[③] 野口悠纪雄. 失去的三十年：平成日本经济史［M］. 郭超敏，译. 北京：机械工业出版社，2022：267.
[④] 野口悠纪雄. 失去的三十年：平成日本经济史［M］. 郭超敏，译. 北京：机械工业出版社，2022：268.

种调整机制逐渐失效，已经无法有效应对需求的变化，这也是日本经济长期处于停滞状态，时至今日依然止步不前的原因之一。

学者史亚杰、王红菊认为，日本教育的最大特点就是较好地处理了教育与经济协调发展的问题。日本高等教育坚持为社会发展服务的宗旨推动了经济和社会的高速度发展；反过来，经济和社会发展所带来的良好人才市场和投资环境，又促使大学教育的迅速发展。日本高等教育坚持为社会发展服务的宗旨主要体现在，根据社会发展的需求自觉调整培养规格和人才结构；在坚持为社会服务的基础上建立高等教育的质量观；通过巨大的科研优势直接为社会提供服务；通过为社会提供有效的服务，多渠道吸引和筹措办学经费[①]。

日本明治维新后用了短短50年的时间，完成了工业革命、建立了亚洲第一个资本主义国家，经济实现了奇迹般的"起飞"。而这其中，应归功于"教育的普及和发展"[②]。具体包括：第一，初等教育的普及，全面提高了国民的文化素质；第二，重视发展高等教育，培养高级专业人才；第三，配合殖产兴业政策，大力重视职业教育。

日本战后的经济在1955年达到了战前的最高水平，开始进入经济高速增长时期，直到1973年。是什么条件促成了经济的高速发展呢？一个重要的原因就是高度重视与大力发展教育事业[③]。当然，促成战后日本经济高速增长的原因是多方面的，然而教育的作用却占重要的位置。例如，注重教育投资，提高国民学历水平；采取有效措施，提高教育投资的经济效果；改革理工科教育，加速培养科技人才；加强产业教育，培训大批熟练劳动力；推行英才教育，选拔才能较高的人；适应产业结构的转变，进一

---

① 安俊.高等教育的活力来源于为社会服务——考察日本高等教育的启示[J].辽宁师范大学学报（社科版），1991（2）：15-19.
② 张健，王金林.日本两次跨世纪的变革[M].天津：天津社会科学院出版社，2000：414-417.
③ 梁忠义.战后日本教育与"经济高速增长"——关于"国民收入倍增计划"与长期教育计划问题[J].外国教育研究，1979（1）：1.

步整顿大学体制①。

　　教育能否促进经济发展，不仅取决于教育的普及与发达程度，而且取决于教育与经济的结合程度②。战后日本经济腾飞充分地证明了这一点。日本政府为实现经济恢复与高速增长的目标，依据不同时期经济发展的需要，对教育体制、结构、内容等进行了及时地调整改革，保证了经济持续高速增长的实现。

　　对于日本高等教育近代化问题的探讨，学者吴光辉认为，纵观日本高等教育近代化的发展轨迹，可以说，它局限于两大价值框架之内：一是西方化与日本化；另一个是传统与现代。二者之间的交错与冲突，使日本高等教育近代化在取得了巨大成功的背后，也留下了直到近代社会才逐渐凸现出来的深刻"阴影"。他认为，与"早发内生型"的欧洲高等教育近代化比较，"后发外生型"的日本高等教育近代化经历了一场"突变"的过程，实质上是一场"被压缩了的"近代化，体现为模仿欧美国家进而转向"日本化"的一个发展模式。这一模式的突出表现就是，国家主义教育思想的确立，强制性地要求高等教育无条件地"应国家之需要"，为国家培养人才与发展科学③。评判日本高等教育的近代化是否成功？要打破头脑中已有的"日本高等教育近代化取得了成功"的模式固见，从高等教育系统的外部，无论从工业化的成功、政治制度的民主化进程，抑或是社会阶层的平等化等方面加以审视，超越"只缘身在此山"的苑围，或者研究者自身也要走出"边缘"的地位④，评判结果才能得以明晰。

　　战后初期日本的美国式高等教育改革的主要思路可以概括为：实现高等教育的"一元化"；实现大学的"教育机构化"；确立"一府县一所"

---

① 梁忠义. 战后日本教育与经济发展 [M]. 北京：人民教育出版社，1981：6-21.
② 杨小梅. 战后日本经济发展与教育改革 [J]. 沈阳教育学院学报，2000（3）：61.
③ 吴光辉. 转型与建构：日本高等教育近代化研究 [M]. 北京：世界知识出版社，2007：255.
④ 吴光辉. 转型与建构：日本高等教育近代化研究 [M]. 北京：世界知识出版社，2007：257.

的国立大学建设原则；引进"认证制"（accreditation）；确立宽容的私学政策。战后初期日本的高等教育改革决定了战后日本高等教育的走向，这一走向具有浓厚的美国色彩①。

战后日本高等教育改革的历程从移植美国高等教育模式的角度看包含着两个基本过程，一个过程是在特定历史条件下日本领会、吸收、采用美国高等教育模式的过程，即日本高等教育的美国化过程；另一个过程是美国高等教育模式在日本遭遇抵抗、修正和改造的过程，即美国高等教育模式的日本化过程或它在日本的本土化过程。这两个过程相互交织共同构成了战后日本高等教育的改革史。战后日本高等教育在三个阶段发展的最主要的特征可以用"民主化""大众化"和"自由化"这三个关键词来概括②。但是，日本战后高等教育美国化所带来的诸多"消化不良"使日本意识到重新认识美国模式意义，当前正在进行的大学本科与研究生教育改革、大学评价改革等都包含着对美国模式的本质进行再认识、再挖掘的因素③。

日本在20世纪50年代中期开始进入经济高速增长期，当然，战后日本经济实现高速增长的原因是多方面的，其中，教育的作用占有重要的位置。主要是由于，日本的高等教育主动适应了经济的高速发展并为经济的发展做出了贡献④。主要表现在，高等教育为主动适应经济高速发展而进行改革。具体包括：第一，扩大高等教育规模；第二，调整高等教育结构；第三，调整学科专业结构，提高理工科学生的比例；第四，进行课程设置的改革；第五，积极推行产学合作。说到日本高等教育在经济高速增

---

① 高益民．战后日本高等教育发展的阶段性特征［J］．比较教育研究，2003（12）：31-37．

② 高益民．战后日本高等教育发展的阶段性特征［J］．比较教育研究，2003（12）：36．

③ 高益民．美国高等教育模式在东亚的移植及其变种［J］．比较教育研究，2005（11）：37．

④ 陈武元．日本经济高速发展时期高等教育的主动适应［J］．高等教育研究，1992（2）：17．

长时期能够主动适应经济发展的原因，主要包括：第一，私立学校比例较高；第二，多数学校规模较小；第三，培养目标明确；第四，学科设置与课程开设特色鲜明。

日本近代高等教育制度虽然发源于 19 世纪末叶，但是真正展开则是进入 20 世纪以后，日本高等教育在 20 世纪的百年发展中具有比较鲜明的特点。第一，从高等教育发展的模式来说，日本采取的国家举办少数高水平的大学，依靠私立大学实现高等教育规模扩张的方式，因此形成数量上以私立大学为主的高等教育体制。第二，从高等教育数量发展的方式来讲，日本走的是逐步递增、渐进的道路。第三，从高等教育改革的进程来看，日本的方式是：首先，咨询机构在调查研究基础上形成咨询报告；其次，政府根据咨询报告的建议修改或制定法律与政策，最后，实施改革[①]。

2. 关于日本高等专门学校的研究

部分国内学者从职业教育的视角对教育与经济，尤其是教育对战后经济发展的影响进行分析，例如学者吕可红对日本高等专门学校的历史与特点进行了回顾与介绍[②]；何屹对应用型人才培养中专门学校体制的作用进行了具体分析[③]，陆素菊对日本高等专门学校的制度沿革与基本特征进行了介绍与分析[④]。

汪辉老师在其著作中对日本近现代工程教育进行了研究，主要是分析了日本从 19 世纪中期明治维新起至 21 世纪初期日本工业化发展过程中工程技术人才培养与工程教育模式的发展及演变特点，探讨在经济社会发展，尤其是产业结构提升过程中教育体制、教育模式是如何与之互动的。

---

① 胡建华. 百年回顾：20 世纪的日本高等教育 [J]. 南京大学学报（哲学·人文科学·社会科学），2001（4）：160.
② 吕可红. 日本高等专门学校的回顾与展望 [J]. 外国教育研究，2003（12）：5.
③ 何屹. 高等教育的困境与出路——以日本专门学校制度为核心的考察 [J]. 日本问题研究，2009，23（1）：30.
④ 陆素菊. 日本高等专门学校的制度沿革与基本特征 [J]. 全球教育展望，2009，38（6）：63.

汪辉老师曾在部分章节论述"高等专门学校的创设及发展",简单介绍了日本高等专门学校的创设及发展特点①。

纵观近代日本工程教育模式的发展历程,按其结构层次形成及演变的情况,大致可以分为四个发展阶段,具体如下。第一阶段是19世纪90年代以前,主要是引进近代工程教育的阶段,虽然在中等及初等工程教育层面有一定的尝试,但是工程教育主要侧重大学层面的高等工程教育,是培养作为国家战略支柱行业的基础及重化工业部门技术人才的时代②。第二阶段是19世纪90年代,工业专门学校在甲午战争期间兴起,工程教育进入了以培养中级与高级工程技术人才并重的时代。从发展重点及所占比例来看,四年制大学层面的高级技术人才培养略占主导地位。该阶段也是日本工程教育等级结构初具雏形的时代。第三阶段是1900年至20世纪10年代前期,从人才培养的重点来看,依然是四年制大学及工业专门学校为主的发展时期,但是发展的重点已从四年制大学转为工业专门学校。

工业高等专门学校是应产业界的再三要求而设立的。产业界的理由主要包括以下两点:第一,产业界急需技术人才,若全部依赖四年制大学生,不仅国家财力有限,而且培养周期过长;第二,人才培养结构的问题,战前的培养体制之下工业学校、工业专门学校以及大学工学部分别培养初级、中级以及高级工程技术人才,各自职责分明,衔接有序。然而,由于战后工业专门学校普遍升格为大学,结果导致中级工程技术人员的培养成为空白。产业界认为,设立工业高等专门学校有以下一些好处,第一,与大学相比,工业高等专门学校以技术教育为主,学生毕业以后能尽快适应社会需要;第二,高等专门学校采用五年一贯制,学生毕业以后去向决定的比较早,有利于进行针对性的职业培训③。

---

① 汪辉.日本近现代工程教育研究[M].杭州:浙江古籍出版社,2011:1.
② 汪辉.日本近现代工程教育研究[M].杭州:浙江古籍出版社,2011:171.
③ 钱小英,沈鸿敏,李乐翔.日本科技与教育发展[M].北京:人民教育出版社,2003:132.

第二次世界大战结束以后，日本的学制改革取消了战前的"大学工学部—工业专门学校—工业学校"的三层工程技术人才培养模式，取而代之的是"大学—工业学校"的两层培养模式[①]。后来，在理工扩大政策的推动下，1962年文部省创办了高等专门学校制度。该制度是基于经济高速增长，急需大量具有工业专业知识的中坚技术人员而设立的中等教育与高等教育相连接的教育制度，是在战后"六—三—三—四"单轨制学校体系之外发展起来的具有重要意义的创举。

（二）国外的研究现状

对于日本高等专门学校的研究，寺田盛纪老师、矢野真和老师、天野郁夫老师等日本学者研究的比较深入。1955年至1973年，是日本的经济高速增长时期。尤其是在20世纪60年代和70年代，日本高等教育领域曾经出现了和我国类似的情况。从日本产业界的反馈来看，高校的专业设置结构不合理，层次、门类与市场需求相脱节。

1. 关于日本高等专门学校的理论研究

20世纪50年代中期，日本经营者团体联盟（简称日经联）就关于教育制度的改革连续发表了三份意见书，批判了学校，特别是大学未能有效培养出产业界所需技术人才的问题。日经联委员会提出，要加强专门职业教育，提议将一些本科大学学制缩短，或者将部分短期大学与职业高中合并组建五年制职业专门大学。他们还提出，产业界至今仍然痛感对战前旧制工业专门学校培养出来的中级技术者之需要，可是现在的两年制短期大学无法满足这一要求。因此，他们建议，教育部门必须进行两年制短期大学与高中合并组建专门大学、纠正高中与大学教育中的重复低效现象、加强实习与专门学科学习等方面的改革以回应产业界的要求[②]。

单一的学校制度无法满足经济高速发展时期以制造业为主体的第二产业对于工业人才的需求，以致出现了应用型人才短缺、断层、类型单一等

---

① 汪辉.日本近现代工程教育研究[M].杭州：浙江古籍出版社，2011：221.
② 海后宗臣，寺崎昌男.大学教育[M].东京：东京大学出版社，1969：234.

社会性问题。根据日本厚生省预测，整个60年代（国民收入倍增计划实施期间）至少需要新增各类科学技术人员约17万人。日本经营者团体联盟在一份建议书中这样写道，"第二次世界大战以前，日本企业的技术人员中，初级技术人员由工业高中培养，中级技术人员是由工业专门学校培养，高级技术人员由大学来培养。但是，第二次世界大战以后，由于专门学校升格为大学，出现了中级技术人员培养的空白状态。"为了满足产业界的要求并适应经济发展对理工科人才的需求，文部科学省设立了区别于四年制大学和短期大学的一种特殊的新型学校，工业类高等专门学校。1962年，日本高等专门学校开始设立，最初只有19所，但是适应经济发展的需要，高等专门学校发展相当迅速，1970年就已经达到了60所，2006年为64所，在数量上基本保持稳定。而且，高等专门学校特色鲜明，国立性质的数量居多，以工业学校为主。这种学校主要招收完成义务教育的15岁左右的学生，实行五年一贯制（商业类专业五年半）的职业教育，其目标是培养主要面向制造业的"中坚技术者"。

虽然高等专门学校在数量上不多，但是以其独特的办学特色，得到产业界和社会上的一致好评，高素质的毕业生作为"技术精英"活跃在各个产业领域。经过1972年国立大学工学部接受高专毕业生编入三年级学习、1976年创立丰桥和长冈技术科学大学等的调整与改革，1992年高专内部设置专攻科、实行学制为2年的、可授予学士学位的高专后技术教育，高等专门学校的创立、发展和变革，以及向技术科学大学、专攻科等大学本科层次的延伸，甚至将技术教育贯穿到研究生层次的硕士和博士阶段的体系化政策，最终在高等教育领域形成了既与普通高等教育体系相互融合又自成体系的完整而独立的职业技术教育体系。在近60年的发展历程中，高等专门学校逐渐形成了定位独特、培养目标明确、专业设置颇具特色、课程结构上以实践教育为主、师资培训也颇具实践特色的突出特点。OECD高等教育政策视察团这样评价他们，"日本的高等专门学校肩负着特定层次应用型人才培养的重任，其教育效果十分显著，教育水平令人钦佩"。

<<< 第一章 导 论

　　日本学者草原克豪认为，日本近代学校制度的建立、帝国大学的诞生等一系列明治以来的教育的发展变化正是顺应了国家发展的需要，日本政府创设大学正是为了培养国家的精英，而且当时的日本高等教育带有明显的实学主义色彩。同理，二战后，设置高等专门学校、大学扩招理工科学生等高等教育政策陆续出台，也正是由于经济高速发展的需要，社会对高等教育提出了更高的要求①。

　　日本学者天野郁夫认为，二战以前，日本的高等教育体制具有"二元等级式的金字塔"的特征，即以少数帝国大学为"塔顶"、以大量私立专门学校为"塔底"的多层式构造②。1868年明治维新成功，日本国家主权得以确保，这又使日本政府在选择西方高等教育模式时具有更大的自主性，甚至可以根据本国的要求自主选择某一国的其中一种学校类型加以引进。如1877年创建的东京大学，其法理文三个学部可以说取自英美模式，而医学部则为德国模式。后来东京大学改为帝国大学时，又先后加上了工科与农科，而这两科在传统的欧洲大学中是找不到的。除了东京大学以外，日本的工科大学校可谓是欧洲技术学院的移植，而札幌农学校的原型则是美国19世纪刚刚出现的赠地学院，驹场农学校则是先取法英国模式后又转向德国模式，司法省的法学校则主要进行法国式的法学教育③。

　　经济的高速增长带来国民生活水平的提高，也激发了国民的教育热情。日本高等教育迅速地进入了大众化的阶段。日本学者金子元久认为，战后日本高等教育的发展大致经历了三个阶段④。第一阶段，20世纪60年代至70年代中期，15年左右。这一时期正是日本的经济高速增长时期，高等教育在这一时期实现了大众化，而高中教育的普及也是在这一时期，这一时期又被称之为"扩大期"。第二阶段，20世纪70年代中期至90年

---

① 草原克豪．日本的大学制度——历史与展望［M］．东京：弘文堂，2008：117.
② 天野郁夫．高等教育的日本结构［M］．东京：玉川大学出版部，1986：260.
③ 天野郁夫．高等教育的日本结构［M］．东京：玉川大学出版部，1986：180.
④ 金子元久．小林雅之．教育的政治经济学［M］．东京：放送大学出版会，2000：152.

代，为日本高等教育的"调整期"。1976年，高等教育机构的新类型——专门学校诞生了。如果将专门学校的入学率也包含在内，高等教育的入学率已经达到了50%。总体来说，这一时期的高等教育处于发展缓慢甚至是停滞的状态，因而也被称之为"调整期"。第三阶段，20世纪90年代以来的这一段时期，这一段时期被称之为"再编与再扩大期"。包含专修学校在内的高等教育的入学率从数据上的显示来看，又出现了扩大的趋势。同时，高等教育制度甚至是教育制度也迎来了各种改革与讨论的时期。因此，这一时期也可以称之为"再编与再扩大期"。

自20世纪50年代初期开始产业界要求建立适应工业发展需要的高等教育机构的呼声不断，他们认为，经过战后改革后的单一化的高等教育模式无法满足工业发展的需要，他们希望建立类似于战前专门学校的、培养工业技术人才的院校。进入经济高速增长期以后，这一要求变得更加迫切。

针对高速增长时期日本教育政策进行分析，学者彭佩尔（T. J. Pempel）发现，日本的产业界对于高等教育的要求主要体现在两个方面，一是要求高等教育机构的多样化，能够满足产业界的人才需求；二是希望高等教育机构在课程开设方面更加专业化，以及增加理工科学生的招生名额。他还指出，短期大学和高等专门学校，在高等教育多样化的进程中扮演着重要的角色。尤其是高等专门学校的设立，因其属于国立性质，且学费低廉，吸引了大量的平民子弟就学，有效地保障了经济高速增长所需要的中下级技术人员[①]。工业教员养成所的设立完全是为了应急培养人数不足的工科类教师，完全是为了适应经济发展由政府所出台的应急对策。由此可见，日本政府为了适应经济的增长在教育政策方面所作的调整、所下的功夫。

学者天野郁夫在著作中对日本的基础教育、高等教育、专业教育及远程教育等方面总结了教育现代化的经验与问题。他认为，日本的工程技术

---

① T. J. 彭佩尔. 日本高等教育政策——决定机制 [M]. 东京：玉川大学出版部，2004：183.

人员培养模式及其特点明显受到产业结构变化的影响。天野郁夫将工程教育的各类模式与产业结构的调整结合起来进行分析,通过企业技术人才供需状况的变化来分析工程教育的影响与作用,为今后的研究提供了新的研究视角①。

2. 关于日本高等专门学校的实践研究

关于高专教育,2008年中央教育审议会出台了《关于充实高等专门学校教育》的政策,主要从"充实教育内容与教育方法""强化教育基础"到"在地区发展需求的基础上充实与完善专攻科""加强与社会、与海外的相关联系"等方面进行了较大篇幅的说明。面向实现"学习化社会"的高专模式,这一模式的突出特点主要在于,与学历相比,更重视毕业之后的学习与深造,也就是说要重视终身学习。学者矢野真和教授曾经提到,他第一次接触高专,是在1986年。那时,他刚从大学毕业,在一家汽车公司就职。与他一起入职的新职员中,有一些来自高专的毕业生。矢野教授和那些高专毕业生一起参加公司的入职教育,一起参加培训,住在一个宿舍,所以他对高专毕业生的印象十分深刻。他发现,高专的毕业生非常优秀。这些高专的毕业生,虽说年龄上比大学毕业生还要小几岁,但是,他们不仅专业知识非常丰富,而且看起来待人接物也比较成熟稳重②。

据统计,短期大学毕业的女生,经济地位与四年制大学毕业的女生相似。而短期大学也越来越受到女生的青睐。在日本政府的相关统计中,通常的做法是将"高专毕业"和"短大毕业(短期大学毕业)"放在一起进行统计的,日本学术界的许多学者不禁质疑,"难道高专教育已经失去了曾经的优势了吗?"

根据现有的数据统计,高专毕业的学生与四年制大学毕业学生的收入存在差距,但是这个差距并没有日本政府官方统计的差距那么大。四年制

---

① 天野郁夫. 教育与现代化:日本的经验[M]. 东京:玉川大学出版部,1997:11.
② 矢野真和等. 高专教育的发现——从学历社会到学习历社会[M]. 东京:岩波书店,2018:217.

大学毕业生的薪水要比高专毕业生的薪水大约高8.8%①，硕士毕业生的收入比高专毕业生的收入高24%。而据日本政府官方的统计，"四年制大学毕业、硕士研究生毕业"的薪水比"高专、短大毕业"的薪水大约高30%，因此，我们分析，"高专、短大毕业"的薪水平均值并不是高专毕业生的薪水平均值，据估计，高专毕业生的薪水平均值更接近于四年制大学毕业生的薪水平均值。

2008年3月，日本全国高中毕业生共计108.8万人，其中有57.7万人考入大学，约占高中毕业生总人数的52.8%；其中约有23.4万人考入专修学校（包括专门课程和一般课程），此外，还有约6900人进入公共职业能力开发机构学习，升入高等教育机构的学生人数已经达到75%，约有50%的学生升入了四年制大学和短期大学。在高中毕业生中，工业高中的毕业生中约有16.5%的人升入大学（包括四年制大学和短期大学），工业高中的毕业生中约有17.2%的人升入专修学校的专门课程；商业高中的毕业生中约有22.5%的人升入大学（包括四年制大学和短期大学），商业高中的毕业生中约有22.6%的人升入了专修学校②。在大学的普及化时代，日本的职业教育也实现了"高中与大学"的完美衔接，在高中职业教育之后，高等职业教育也广泛开展起来了。

日本高等专门学校自从创立以来，繁重而安排紧凑的课程安排一直被社会所关注。长期存在的问题是一般课程与专业课程的设置比例不是很均衡，例如，英语课和数学课等一般的课程相对较少，而专业课程的设置又相对较多，导致了学生们专业课程的"消化不良"。1991年根据设置基准的修订，高等专门学校可以授予"准学士"学位，并且在工科、商科之外可以设置文科类的学科，各学校可以增设"专攻科"，高等专门学校的课

---

① 矢野真和等. 高专教育的发现——从学历社会到学习历社会［M］. 东京：岩波书店，2018：219.
② 寺田盛纪. 日本的职业教育——基于比较与发展的视角的职业教育学［M］. 京都：晃洋书房，2009：124.

程设置更加灵活和弹性化。根据设置基准的修订，学分总数削减了10个学分①，将毕业要求也进行了相应的调整，从而让高等专门学校的课程设置更加弹性化。

根据1991年《学校教育法》的修订，最初有两所高专设置了"专攻科"，分别在奈良和新居滨。此后，根据政策的调整，日本全国各地的高等专门学校开始陆续设置"专攻科"，2004年，日本几乎所有的国立工业高等专门学校都设置了专攻科，并且接受了学位授予机构的认定；2005年，日本所有的商船高专也设置了专攻科。据相关统计，每年高等专门学校的毕业生中约有15%的人选择升入专攻科进一步深造。②"专攻科"已经成为日本高等专门学校毕业生的一个继续深造的不错的选择，也为想要继续深造的学生提供了一个很好的出路。

---

① 寺田盛纪．日本的职业教育——基于比较与发展的视角的职业教育学［M］．京都：晃洋书房，2009：125．
② 矢野真和等．高专教育的发现——从学历社会到学习历社会［M］．东京：岩波书店，2018：99．

第二章

日本高等专门学校设立的背景与发展定位

日本高等专门学校（简称高专），由于其在机器人大赛中的出色表现（机器人大赛）而被大家所关注。高等专门学校，与四年制大学和普通的专门学校不同，是一种五年一贯制的高等教育机构。日本的高等专门学校，拥有50多年的历史，日本全国共有57所高专，其中多数高专为国立性质。目前，在校生约有5万人，毕业生人数已经超过了50万人。由于日本高等专门学校具有较高的就业率，就业率一直保持为100%，深受社会好评。但是，由于高专是一种特殊类型的学校，其教育的开展与人才培养的具体情况究竟如何？来自学生们的评价又如何呢？对高等专门学校进行系统而全面的调查与研究，并进行深入分析，具有重要的意义。

第一节 日本高等专门学校设立的背景分析

第二次世界大战后，日本高等教育改革的内容之一就是将战前几种类型的高等教育机构合并、改组为大学与短期大学。短期大学学科的构成特点是"重文轻理"，文科类学生占绝大多数。因此，自20世纪50年代初期开始产业界要求建立适应工业发展需要的高等教育机构的呼声不断，他们认为，经过战后改革后的单一化的高等教育模式无法满足工业发展的需要，他们希望建立类似于战前专门学校的、培养工业技术人才的院校。进入经济高速增长期以后，这一要求变得更加迫切。日本经营者团体联盟在一份建议书中这样写道，第二次世界大战前企业的技术人员中，初级技术人员由工业高中培养，中级技术人员由工业专门学校培养，高级技术人员由大学培养。第二次世界大战后，由于专门学校升格为大学，出现了中级技术人员培养的空白状态[1]。为了满足产业界的要求并适应经济发展对于理工科人才的需求，当时的文部省决定设立区别于四年制大学与短期大学的工业类高等专门学校。日本高等专门学校正是在这样的背景下诞生的。

一、日本经济高速增长期对教育的需求

20世纪50年代，对于战后日本来说，经济复兴是头等大事。日本产业界关于教育的意见和要求，对政府制定教育政策也产生了重要影响。

20世纪50年代中期，日本经营者团体联盟（简称日经联）就关于教育制度的改革连续发表了三份意见书，批判了学校，特别是大学未能有效培养出产业界所需技术人才的问题。日经联委员会提出，要加强专门职业教育，提议将一些本科大学学制缩短，或者将部分短期大学与职业高中合并组建五年制职业专门大学。他们还提出，产业界至今仍然痛感对战前旧制工业专门学校培养出来的中级技术者之需要，可是现在的两年制短期大学无法满足这一要求。因此，他们建议，教育部门必须进行两年制短期大学与高中合并组建专门大学、纠正高中与大学教育中的重复低效现象、加强实习与专门学科学习等方面的改革以回应产业界的要求[2]。

由此，我们可以看出，当时日本现行的大学制度不能有效地培养中级技术人才，这是产业界的迫切要求所在。

1958年3月，文部省向第28次国会提出了"学校教育法局部修正法案"（通称"专科大学法案"），旨在设立五年制专科大学。具体内容摘

---

[1] 野村平尔. 大学政策、大学问题——资料与解说[M]. 东京：劳动旬报社，1969：671.
[2] 海后宗臣. 大学教育[M]. 东京：东京大学出版社，1969：234.

录如下：

  第七十条之二　专科大学以深入教授并研究专门知识与技艺、必要时一并实施高中教育、培养职业或实际生活所必需的能力为目的。
  ……
  第七十条之五　专科大学的学习年限为2年或3年，必要时也可以为5年或6年。学习年限为5年或6年的专科大学分3年前期课程与2年或3年后期课程。
  第七十条之六　前期课程实施高中教育，传授进入后期课程所必要的知识、技能。①

1961年关于设立高等专门学校的"学校教育法修正案"在国会获得通过，1962年一种新型的高等教育机构——五年制高等专门学校开始出现在日本高等教育体系内。

二、经济高速增长期产业界迫切要求设立高等专门学校

第二次世界大战结束以后，日本的学制改革取消了战前的"大学工学部—工业专门学校—工业学校"的三层工程技术人才培养模式，取而代之的是"大学—工业学校"的两层培养模式②。后来，在理工扩大政策的推动下，1962年文部省创办了高等专门学校制度。该制度是基于经济高速增长，急需大量具有工业专业知识的中坚技术人员而设立的中等教育与高等教育相连接的教育制度，是在战后"六—三—三—四"单轨制学校体系之外发展起来的具有重要意义的创举。

工业高等专门学校是应产业界的再三要求而设立的。产业界的理由主要包括以下两点：第一，产业界急需技术人才，若全部依赖四年制大学

---

① 胡建华. 战后日本大学史 [M]. 南京：南京大学出版社, 2001：86.
② 汪辉. 日本近现代工程教育研究 [M]. 杭州：浙江古籍出版社, 2011：221.

生，不仅国家财力有限，而且培养周期过长；第二，人才培养结构的问题，战前的培养体制之下工业学校、工业专门学校以及大学工学部分别培养初级、中级以及高级工程技术人才，各自职责分明，衔接有序。然而，由于战后工业专门学校普遍升格为大学，结果，中级工程技术人员的培养成为空白。产业界认为，设立工业高等专门学校有以下一些好处，第一，与大学相比，工业高等专门学校以技术教育为主，学生毕业以后能尽快适应社会需要；第二，高等专门学校采用五年一贯制，学生毕业以后去向决定的比较早，有利于进行针对性的职业培训[①]。

1951年11月政令改正咨询委员会会议上，主张学校制度的设计应适应国家社会经济发展的需要，日本应重点发展职业教育，将目前学制三年的高中和大学教育合并成5至6年一贯制的"专修大学"的草案备受关注。后来，短期大学永久化问题也提上了日程，作为振兴科技政策的一环，产业界对新的工业教育制度的设计也表现出浓厚的兴趣。在此影响之下，中央教育审议会在1954年、1955年以及1956年的审议会上，连续发表《大学入学招生及相关事项》《关于短期大学的制度改善》以及《关于科学技术教育的振兴》等报告，虽然视角不同，但都强调了设计新的工业教育制度的必要性。

因为工程技术人员的供给不足，急需尽快确立中坚工程技术人员的培养体制，但是短期大学制度的存续及改善也已经成为整个大学制度改革的重要部分。在这样的背景下，文部省对原有法案进行了部分调整，改建高等专门学校体制，并于1962年获得国会的正式认可。

---

① 钱小英，沈鸿敏，李乐翔. 日本科技与教育发展[M]. 北京：人民教育出版社，2003：132.

第二节　日本高等专门学校的发展定位

纵观近代日本工程教育模式的发展历程，按其结构层次形成及演变的情况，大致可以分为四个发展阶段，具体如下。第一阶段是19世纪90年代以前，主要是引进近代工程教育的阶段，虽然在中等及初等工程教育层面有一定的尝试，但是工程教育主要侧重大学层面的高等工程教育，是培养作为国家战略支柱行业的基础及重化工业部门技术人才的时代①。第二阶段是19世纪90年代，工业专门学校在甲午战争期间兴起，工程教育进入了以培养中级与高级工程技术人才并重的时代。从发展重点及所占比例来看，四年制大学层面的高级技术人才培养略占主导地位。该阶段也是日本工程教育等级结构初具雏形的时代。第三阶段是1900年至20世纪10年代前期，从人才培养的重点来看，依然是四年制大学及工业专门学校为主的发展时期，但是发展的重点已从四年制大学转为工业专门学校。日俄战争前后，主要在印染纺织行业，依托传统的地方企业支持，培养初级工程技术人才的工业学校有了一定的发展，并呈现出较强的地方特色。由此，工程教育的三层结构模式初步形成。第一次世界大战爆发之后，日本的工程教育进入第四个发展阶段，随着工业专门学校的增设，近代型工业学校的飞速发展，工程教育进入以初级和中级技术人才培养为主的发展阶段，日本工程教育的三层结构模式最终形成。

一、日本工业高中的人才培养

纵观明治初期以来的工程技术人员培养模式的演变，我们可以发现，日本高级技术人员的培养起步最早，兴起于明治维新之初，并在此后获得

---

① 汪辉.日本近现代工程教育研究［M］.杭州：浙江古籍出版社，2011：171.

了快速发展。与此相对，中级及初级技术人员的培养始终不受重视，特别是以培养初级工程技术人员为主的工业学校，起步及发展明显滞后。工业专门学校承担着民间企业中间技术人员的培养重任，受到工业化发展的影响，在1907年以后，逐渐成为工程教育扩张的主体。

针对1947年颁布的《学习指导要领》，文部省又在1948年和1949年出台了一系列通知进行了补充和说明。主要是进行了如下调整：将工业高中的总课时数从1400课时调整为1645课时，同时对各课程的学分也做了弹性规定，大幅扩大各课程的学分浮动范围。例如电器实习的学分数为10~37个，制图的学分数可以在2~20个之间浮动[①]。文部省的学分弹性化改革的本意主要是扩大学校的教学自主权，鼓励高中工业教育在以实习为主的单一教学模式之外可以发展理论为主型、理论实践并重型等多元教学模式，增加基础课程的学分，推动高中工业科教育与普通科教育的同质化发展，在高中阶段实现普通教育单轨制的统一。

在实践中，由于实习教育在工业高中普遍受到重视，课程课时数弹性化的改革设想的初衷很好，但是落实到实践中导致社会、数学等基础课程的学分数和课时数遭到削减，结果进一步加剧了普通高中与工业高中的分化。

第二次世界大战结束后，日本的教育改革中，工业高中在形式上从战前的工业学校升格为高等学校（高中），其实质依然是工业学校，工业高中与普通高中之间的差距依然较大。

1955年开始，日本进入经济高速增长期，年均经济增长率维持在10%左右。在经济高速增长的过程中，设备更新及人员技术水平的提升成为经济发展与产业结构提升的主要牵引力，因此，培养大批中级技术人员及熟练的一线劳动力成为当务之急。

日经联和中央教育审议会在多次报告中急切指出，工业高中培养的毕业生，即技术工人明显不足，力主大力发展工业高中教育。因此，文科省

---

① 汪辉. 日本近现代工程教育研究[M]. 杭州：浙江古籍出版社，2011：182.

从20世纪50年代后期开始，有意识有计划地增设工业高中的工业科，扩大工业高中的招生规模。并于1958年和1959年新增设机械、电气、工业化等学科，扩招工业高中学生1万人。随着1960年前后科技厅与文部省主导的"理工扩大政策"的出台，日本到1970年需要增加7万名科学家、工业高中程度的技术人员44万名以及经过严格职业训练的技术工人160万名①。

据统计，新增的44万名工业高中程度的技术人员主要分布在机械、电气、工业化学、建筑、土木等学科，为此，工业高中的招生规模应增加8.5万人左右。随着日本国民收入的提高，希望继续升入高中学习的初中毕业生比例大幅提高，为此，日本政府在1960~1963年间积极增设高中，以满足国民对高层次教育的需求。但是，从大学的接收能力以及经济发展的需要来看，日本政府将高中扩张的重点放在了发展工业高中方面，并为此准备了900亿日元的紧急预算②。

表2.1 日本工业高中各学科年度扩展计划

单位：人

年度		1960	1961	1962	1963	1964	1965	总计
全日制工业高中	公立	1880	4120	16000	34920	4080	1400	62400
	私立	2000	5740	6000	5000			18740
	小计	3880	9860	22000	39920	4080	1400	81140
定时高中	公立			2000	2000			4000

---

① 汪辉．日本近现代工程教育研究［M］．杭州：浙江古籍出版社，2011：184．
② 陈丽萍．日本理工科扩充政策的史学考察［J］．湖南师范大学社会科学学报，2007（5）：126-130．

续表

年度		1960	1961	1962	1963	1964	1965	总计
合计		3880	9860	24000	41920	4080	1400	85140
学科	机械	1800	4120	9925	16960	1800	600	35205
学科	电气	1990	4680	8925	15620	1040	440	32695
学科	化工	90	600	3970	5850	600	80	11190
学科	建筑		370	590	1800	280	80	3120
学科	土木		90	590	1690	360	200	2930

资料来源：文部省《产业教育八十年史》，大藏省印刷局，第286页。

从上表，我们可以看出，工业高中重点发展的学科是机械、电气及化学工业等学科，这些学科也是日本经济高速增长时期重点发展的工业领域。

日本政府考虑到工业高中的扩张将会出现工业高中师资严重不足的问题，于是，日本政府在北海道大学、东北大学、东京工业大学、横滨国立大学、名古屋工业大学、京都大学、大阪大学、广岛大学、九州大学等大学开设三年制的临时工业教师养成所，通过各种优惠政策的实施，确保工业高中的师资培养。教学内容主要包括最新工业技术的介绍、教学指导法的辅导、工厂的技术实习等。从1965年到1969年，工业教师养成所累计培养学员3000余人，其中约50%的学员进入工业高中任教[1]。

1965年~1975年，日本新增劳动力中高中毕业生所占比例超过初中毕业生及各类高等教育机构的毕业生，其所占比例超过50%。受到理工扩张政策的影响，日本的工业高中数量在20世纪60年代有了较大的增长，工业高中扩张的高峰期在1961年至1963年，三年间新增学校171所，约占20世纪50年代后期至60年代中期这八年间新增工业高中总数的82%[2]。

---

[1] 文部省. 产业教育九十年史 [M]. 东京：东洋馆出版社，1974：302.
[2] 汪辉. 日本近现代工程教育研究 [M]. 杭州：浙江古籍出版社，2011：187.

总的来看，虽然经济高速增长时期高中的入学率得到了大幅度的提高，高中入学率约为80%，但是，普通高中与职业高中的比例并没有发生明显的变化。

1973年，日本结束了持续两位数的经济高速增长，整个20世纪70年代至80年代，日本的年均经济增长率约为4.7%，日本经济进入了经济稳定增长期。进入稳定期以后，日本的产业结构、社会结构以及教育结构都发生了一些变化。以1970年为分界点，日本的GDP构成中制造业所占比重基本处于停滞的状态，经济发展的重心由物质生产开始向服务业转换。

20世纪60年代开始，日本的高等教育大众化不断推进，在高中入学率方面，1970年，高中入学率为80.0%；1975年高中入学率上升为91.9%，1980年更是上升到94.2%。随着普通高中教育的普及，升入高中职业科的学生人数却从20世纪70年代初期开始逐年下降。1980年职业高中学生所占高中学生总人数的31.8%，这一比率与1960年相比，下降了10个百分点。从学科类别来看，除了工业高中，其他职业高中的学生人数均出现了大幅下滑的趋势。即使是工业高中，也早已风光不再，在高中学生总人数中所占的比例，1970年为13.4%，而1980年仅有10.3%[1]。自1970年开始，工业高中开始出现报考生源不足的现象，不少学科因招不满学生而不得不停办。此外，即使招生没有问题，学生也普遍出现学习能力不足与主动性下降的情况。工业高中的这一现象从大城市开始逐渐扩散到日本全国，成为严重的教育及社会问题。以东京为例，1980年27所公立工业高中招生，共计15088名考生报名，等到考试当天，有2802人缺考，缺考率达到了18.6%；最终仅录取了8076人，但在入学当日约有583人未报到，未报到的人数约占总人数的7.2%[2]。而此后的三年中，不断有人中途退学，工业高中的发展早已风光不再，如今陷入了低迷的境地。

总的来说，包括工业高中在内的职业高中入学率之所以出现大幅下滑

---

[1] 沈学初. 当代日本职业教育[M]. 太原：山西教育出版社，1996：41.

[2] 小林一也. 资料日本工业教育史[M]. 东京：东洋馆出版社，2001：539.

趋势，究其背后的原因，可以说是多方面的。一方面，随着经济的发展，日本国民收入水平不断提高，越来越多的国民对高层次的教育有所期望，在选择学校类别的时候更多地去选择普通高中，众所周知，普通高中毕业后可以升学也可以就业，而职业高中（包括工业高中）毕业后选择的出路相对较少。另一方面，随着经济的不断发展，科技进步日新月异，产业结构与就业结构都随之发生了变化。20世纪70年代以来，随着产业结构的调整，对高水平技术人员以及管理人员的需求不断增加，对于一线技术人员的需求逐年降低。

原来以培养骨干技术人才为口号的工业高中早已不能名副其实地发挥教育职能，工业高中的毕业生从事的工作与普通高中毕业生，甚至与初中毕业生相同的工作已经成为一种普遍现象。曾经辉煌一时的工业高中，出现了毕业生在就业的时候面临高不成、低不就的尴尬局面，工业高中教育已经越来越不能适应产业结构调整带来的变化，工业高中面临必须改革的局面。

文部省在20世纪70年代先后两次出台相关政策，对工业高中的课程等内容进行调整。例如1970年出台，1973年开始实施的调整方案，具体主要包括如下一些内容：第一，削减必修科目的数量以及学分数，主要必修课为国语（9学分）、社会（10学分）、数学（6学分）、理科（6学分）、保健体育（9学分）、艺术（2学分），总计42学分（女校另加家庭课程，4学分），在此次调整中，英语被改为选修课；第二，专业课程根据经济发展需要进行相应调整，工业高中的课程数从156门增加到164门，新增的课程多为信息技术相关课程，如"信息技术实习""系统工学""电子计算机""经营数学"等；第三，工业相关的学科数也进行了调整，从之前的17个增加到了21个[①]。新增了信息技术、工业计量、环境工学、工业管理、设备工业等新兴专业方向。在培养方针上强调根据学生的特点

---

① 风间效. 战后工业教育的展开［M］. 东京：东书房，1997：68.

及未来发展需要设计课程，重视学生的自主学习，所以在专业课程方面大幅减少必修课程，增加选修课程。此外，根据学生学力差异，在课程设置方面增设了"初级英语""基础数学""基础理科"等难度较低的课程，以适应一部分学生的需要。但是在实施过程中，对工业高中的教育教学质量产生了一些负面的影响。

20世纪70年代以前，工业高中的发展模式基本上是从技能教育向技术教育强化，据相关数据统计，技术工人在1955年约占51%，至1970年达到78%，接近80%的工业高中毕业生进入生产一线工作①。但是在20世纪70年代日本高等教育大众化以后，工业教育的发展出现了停滞，工业高中招生出现困难，工业高中的数量锐减。虽然文部省采取了一些政策进行调整，但是收效甚微，例如调整工业学科，精选教育内容，推行综合化改革，重视实习和基础教育等②，但是工业高中与之前的技术人才培养目标渐行渐远，工业高中毕业生就业的去向已经开始出现脱离生产一线的倾向，很多工业高中的毕业生在求职过程中与普通高中毕业生相比，已经失去了原有的优势。

日本的工业高中兴起于战后日本的经济复苏期，在日本经济高速增长时期，工业高中得到了空前的发展，从其职能定位来看，战后的工业高中基本上沿袭了战前培养生产一线基层工程技术人员的使命，在教学理念中强调技术教育以及实验实习为主的人才培养模式，该人才培养模式在经济高速增长时期为日本重化学工业发展培养了大量的人才，发挥了积极的作用。但是，随着日本高等教育迈入了大众化阶段，以培养工程技术人员为目的的工业高中发展空间受到压缩，需要对其定位与人才培养理念进行调整。

---

① 文部省. 产业教育百年史 [M]. 东京：行政出版社，1986：1219.
② 汪辉. 日本近现代工程教育研究 [M]. 杭州：浙江古籍出版社，2011：204.

二、日本四年制大学的人才培养

日本经济高速增长期实施大学理工扩大政策取得了显著的成果。20世纪50年代中后期到70年代初期，日本产业发展的重点是化学工业和机械工业。1961年日本的大学理工科学生只有28737人，但是到了1964年，理工科学生增加到42187人，到了1973年人数更是增加到了80619人。通过扩招以及增设理工类学科，从1961年到1969年的几年间，大学理工科毕业生人数达到了14万人，到1970年基本达到了预定的目标[1]。20世纪60年代，理工科特别是工科学生在整个日本大学生中所占的比例稳步提高。工科学生从1960年的15.4%提高到了1970年的21.1%，成为所占比例较高的学科。此外，在理工科毕业生的就业情况来看，1952年大学毕业生中作为技术人才被企业雇佣的比例仅占9%，1955年至1973年的经济高速增长时期，随着政策的调整，技术人才比例不断上升，从1955年的13%上升到了1971年的25%[2]，也就是说毕业生中有四分之一的人是作为技术人才被企业雇用的，对于日本的产业发展和经济高速增长发挥了重要的作用。

在日本经济高速增长时期，日本高等教育大众化也得以推进。对比1959年和1969年日本高等教育入学人数，我们可以发现，四年制大学生人数从15.5万人增加到了32.9万人，短期大学的学生数从3.8万人增加到12.8万人。其中从四年制大学的情况来看，国立大学和公立大学的在学人数增长率为13.5%，私立大学在学人数的增长率为250%；从短期大学的情况来看，国立和公立短期大学的增长率达到了144%，私立短期大学的增长率达到了384%，这个数字的确很惊人。1975年，日本的高等教育入学率已经达到了37.5%，正在向普及化阶段迈进。1960年至1970年，

---

[1] 文部省.产业教育九十年史[M].东京：东洋馆出版社，1974：316.
[2] 陈丽萍.日本理工科扩充政策的史学考察[J].湖南师范大学社会科学学报，2007(5).

从学科的情况来看，四年制大学中在学人数，文科的增加率为257%，法律和经济的增加率为217%，理工科的增加率是317%，农业是184%，医学是174%，教育是132%①，其中理工科学生人数的增加十分显著。

根据日本学者矢野真和教授的研究，战后日本的大学工学教育规模扩张主要采取了三种方式。主要包括。第一，增设新的学部。该方式最为直接有效，但是由于涉及审批手续及时间，程序上比较复杂。第二，扩大已设专业的招生规模。该方式在程序上虽然比第一种方式手续简单一些，但由于师资及设施的影响，扩张规模十分有限。第三，在现有学部内增设新的学科。该方式在程序及扩张规模方面介于第一种方式与第二种方式之间。

简而言之，1955年至1973年的日本经济高速增长时期，日本国立大学的扩张方式主要是通过第三种方式进行的，在80年代以后，由于地方国立大学学科专业的整合推进，每个学部平均的学科数量在减少。而私立大学，其发展方式主要是采用了第一种方式来进行规模扩张的。尤其是20世纪60年代前期，学部的增设尤其明显。我们可以发现，国立大学与私立大学在规模扩张方面有所差异。国立大学工学部的结构特点是专业分化比较细、学科数量多，因此每一学科的规模相对比较小。20世纪80年代中后期，地方国立大学的工学部几乎都实施了大学科和大讲座制改革，学科的规模扩大了2倍以上，学科数却骤减了三分之二。此外，日本旧制的七所帝国大学（东京大学、京都大学、名古屋大学、大阪大学、北海道大学、东北大学、九州大学）除了个别学校有调整之外，大部分维持原状不变。

从日本的大学工学部学科设置的特点可以看出如下一些趋势：第一，对科学技术发展的趋势具有一定的敏感性，新兴产业的兴起在学科设置中能够迅速得到体现，说明工程教育与工程实践的发展有一定的关联度；第二，学科结构的主要框架长期保持稳定，虽然日本的产业结构进行了调

---

① 汪辉. 日本近现代工程教育研究［M］. 杭州：浙江古籍出版社，2011：217.

整，但是四大基础学科的优势地位始终未受到明显削弱，说明大学工程教育中的"工学化"倾向比较强势[①]。

三、日本高等专门学校的人才培养

高等专门学校的定位是"传授高度的专业知识，养成从事职业工作所需的必要能力"的高等教育机构（学校教育法第70条第2项），入学资格为中学毕业以上，学制为5年。

与工业相关的学科类别主要包括机械工学科、电气工学科、工业化学科、土木工学科、建筑学科、金属工学科、化学工学科、电子工学科、生产机械工学科等。这些学科设置的目的在于传授工业相关的基础知识及基本技能，培养未来能够发挥创造性的基本素质。

在课程内容方面，由于实行五年一贯制的教育，因此与四年制大学所实行的学分制有所不同，采用的是学年制。注重基础课程与专业课程的有机衔接。

工业高等专门学校的创设正逢日本经济的高速增长时期，工业化的迅速发展对工程技术人才提出了迫切的需求，因此日本各地纷纷游说文部省在本地设置国立的高等专门学校。加上文部省的积极推进，在比较短的时间内，以国立为中心的高等专门学校普及到全日本各地。到1969年，高等专门学校已有54所国立学校、4所地方公立学校及7所私立学校，每年毕业生达1万人左右，很大程度上满足了产业界对技术人才的需求[②]。

---

① 汪辉．日本近现代工程教育研究［M］．杭州：浙江古籍出版社，2011：220.
② 文部省．产业教育九十年史［M］．东京：东洋馆出版社，1974：319.

表 2.2　1962 年各高等专门学校理工科设置状况

	学科数（个）				班级数（个）				入学人数（人）			
	国立	公立	私立	合计	国立	公立	私立	合计	国立	公立	私立	合计
机械	12	2	4	18	18	6	7	31	720	240	295	1255
电气	12	1	4	17	12	1	7	20	480	40	310	830
工化	4			4	4			4	160			160
土木	3		1	4	3		1	4	120		40	160
建筑			1	1			1	1			40	40
航空一		1		1		1		1		40		40
航空二		1		1		1		1		40		40
化工			1	1			1	1			45	45
总计	31	5	11	47	37	9	16	62	1480	360	730	2570

注：工化：工业化学；航空一：航空机体工学；航空二：航空原动机工学；化工：化学工业。

资料来源：汪辉．日本近现代工程教育研究［M］．杭州：浙江古籍出版社，2011：222．

第二次世界大战后，日本高等专门学校体制在设计上的另一个特点，主要是构建了与四年制大学的有效衔接。这与战前四年制大学和高等专门学校体制完全隔绝的状况有明显区别。实际上，这主要是为了保证高专毕业生有更多的学习机会及选择的自由。

高等专门学校与四年制大学的衔接主要通过两个途径，第一，高专毕业生被认定为具备大学二年级学生的水平，在毕业以后直接编入四年制大学工学部的三年级；第二，日本丰桥和长冈两地分别设置了技术科学大学，实施以技术实践以及技术开发为主的研究生层次的高等工程教育，接受高等专门学校毕业生以及同等学力者进行进一步的深造。

长冈技术科学大学（位于新潟县）和丰桥技术科学大学（位于爱知

县）创设于 1976 年 10 月，主要招收工业高等专门学校毕业生和具有同等学力的人士入学。第一期学生是从 1978 年开始招生。其中大学一年级招收工业高中毕业生 600 名，大学三年级招收高等专门学校毕业生 240 名[①]。长冈技术科学大学开设有机械系统、制造设计、电气电子系统、电子仪器、材料开发及建筑等六个专业；丰桥技术科学大学开设有能源、生产系统、电气电子、信息、物质及建筑等六个专业。技术科学大学的创设为发展日本高等职业教育开辟了一条崭新的途径，它为日本工业高中及高等专门学校的毕业生继续深造提供了学制上的保障，也为巩固和发展中等工程教育发挥了积极的作用。

高等专门学校制度的创建较好地完善了战后工程技术人才培养的体系，但是，高等专门学校学生的人数不多，占各类高等教育机构学生总人数的 6%~7% 左右，与高等专门学校相比，短期大学主要以女子教育及人文社会学科为主，短期大学中人文社会科学学生占学生总数的 75.1%；工科学生仅占 11.3%，约 9200 人[②]，从数据中我们可以看到，第二次世界大战后日本工程技术人才培养的主体依然是四年制大学及工业高中。

表 2.3　日本各类高等教育机构所占比例变化一览表　　单位：%

年度（年）	1960	1961	1962	1963	1964	1965	1966	1967	1968	1969	1970
大学	46.7	46.3	44.5	43.2	43.0	42.8	42.6	42.2	41.7	41.6	41.5
短大	53.3	53.7	52.2	51.4	50.1	49.9	50.8	51.6	51.7	51.9	52.0
高专			3.3	5.4	6.8	7.3	6.6	6.2	6.6	6.6	6.5
总计	100.0	100.0	100.0	100.0	100.0	100.0	100.0	100.0	100.0	100.0	100.0

注：大学为四年制大学；短大为短期大学；高专为高等专门学校。

资料来源：《战后 30 年学校教育统计总览》，第 6-7 页。

---

① 汪辉. 日本近现代工程教育研究［M］. 杭州：浙江古籍出版社，2011：223.
② 汪辉. 日本近现代工程教育研究［M］. 杭州：浙江古籍出版社，2011：223.

四、日本高等专门学校与专修学校

（一）日本专修学校的历史与类型

与日本高等专门学校不同，日本专修学校是一种特殊的学校制度。日本的专修学校制度创设于1976年，根据修订后的《学校教育法》，专修学校是以培养年轻人在实际生活中所必需的技能以及提高他们的素质为目的的学校，主要是作为开展实践型的职业教育、专业的职业教育等为主要内容的教育机构，为社会培养多方面的专业技术人才。专修学校一般规定修业年限在一年以上，每年授课的课时数在800小时以上。

依据《专修学校设置基准》，专修学校主要分为八个领域，包括工业、农业、医疗、卫生、教育与社会福利、商业实务、服饰与家政、文化与教养。专修学校主要是以让学生取得各种资格或者通过相关的职业资格考试为目的，让学生掌握未来职业所需要的知识与技能的学校。专修学校主要是开展实践教育的学校。

根据入学资格的不同，专修学校开设了三种课程。第一种课程是专修学校的"专业课程"，这种课程主要针对高中的毕业生。根据《学校教育法》的相关规定设置了专修学校。除此之外，还包括高等课程与一般课程。高等课程主要是在依据《学校教育法》设置的高等专修学校中开设，而一般课程是针对所有学生开设的，并不要求学生的入学资格。

在这里，因为涉及专修学校的类型问题，我们将对以下几个概念加以解说。首先，"专修学校一般课程"，是指对入学资格没有限制，可以招收初中毕业生。其次，"高等专修学校"，又可以称之为"专修学校高等课程"，主要是招收初中毕业生，一般为三年制，具备一定条件（成绩方面的规定）的学生才有可能升入短期大学或四年制大学。其修业年限在三年以上并且满足毕业条件的学生均有可能升入专门学校。最后，"专门学校"，又称之为"专修学校专业课程"，主要招收高中毕业生或同等学力的学生，一般为四年制。修业年限在二年以上并且满足一定条件的学生可以申请编入四年制大学，修业年限在四年以上并且满足一定条件的学生可以申请就读研究生课程。日本的专修学校主要是指以上这三种。另外，在日本的学校体系中还存在着一种"高等专门学校"的制度，高等专门学校主要招收初中毕业生。它与专修学校不同。

（二）日本专修学校的发展现状

1. 从数据来看日本专修学校的发展现状

根据2006年日本学校基本情况调查的数据显示，日本的专修学校发展迅速，尤其是专门学校的在学人数已经达到了约67万人，约有18%的高中生选择了专门学校，而同年报考大学的高中生仅占高中生总数的42%[①]，可以说，专门学校与其他类型的短期高等教育机构相比，属于比较受欢迎的类型。如表2.4所示，专修学校的主体依然是私立学校，国立学校与公立学校仅占其中很小的一部分。无论从学校数量、学生数量、教师数量，私立专修学校都占有绝对的优势。如表2.5所示，专修学校设置学科领域广泛，课程类型多样，从不同层次满足了社会多方面的需求，因而在日本的学校体系中发挥着越来越重要的作用，已经赫然成为日本重要的高等教育机构之一。

表2.4 日本专修学校的学校数与学生数

	总计	国立	公立	私立
学校数（所）	3,441	11	199	3,231
学生数（人）	750,208	918	28,187	721,103
教师数（人）	42,171	155	2,703	39,313

资料来源：本表为笔者根据相关数据自制。

---

① 寺门成真. 专门学校的现状与施策[J]. 月刊高校教育，2007（9）：24-25.

表 2.5 日本专修学校不同领域、不同学科的学生人数一览表

单位：人

	工业	农业	医疗	卫生	教育社会福利	商业实务	服饰家政	文化教养	合计
高等课程	5,133	2	14,758	6,694	1,823	6,851	4,033	3,266	42,560
专门课程	101,957	3,096	208,523	84,804	61,790	65,659	23,067	118,292	667,188
一般课程	32	30	157	1,075	10	96	1,471	37,589	40,460
合计	107,122	3,128	223,438	92,573	63,623	72,606	28,571	159,147	750,208

资料来源：本表为笔者根据相关数据自制。

2. 日本专门学校学生毕业与就职现状

日本专门学校的学生就职率约为 80%，这一比率比四年制大学和短期大学的就职比率还要高，四年制大学学生的就职率仅为 64%，短期大学学生的就职率为 68%[①]。但是，专门学校的中途退学率也相对较高，约为四年制大学和短期大学的 2 倍。在专门学校中，一般采用学年制与必修课目为中心的课程计划制，并且在每个班级配备班主任，大多数的专门学校都是在有特色的教育理念的指导下开展教育活动。但是，有些学生因无法适应学校的生活而不得不选择退学。

在专门学校中，有的学科就职率高达 90%，而有的学科就职率只有 30%。毫无疑问，附带有资格考试的学科就职率就比较高。有趣的是，有的学科虽然就职率低，但是仍然有许多学生报考。日本专门学校的毕业生

---

① 寺门成真. 专门学校的现状与施策 [J]. 月刊高校教育，2007 (9)：24-25.

中有许多人在专业性、技术性较强的领域就职,从这一点上可以说明,专门学校作为日本的专业技术教育机构发挥着重要的作用。

近年来,随着日本高等教育体系的不断完善,其体系的灵活性也渐渐得以彰显。在专门学校的相关制度修订以后,专门学校被定位在了与大学等高等教育机构对等的位置上。只要专门学校的学生具备了一定的条件,例如修业年限、成绩要求等,就可以承认其已修读的学分,从而编入四年制大学就读;对于二年制课程、三年制课程的学生还将授予"专门士"的称号;对于四年制课程的学生将授予"高级专门士"的称号,并允许其申请研究生课程。

3. 专门学校与大学、短期大学的竞争

从1993年到2006年,专门学校中就读工业学科的学生减少了50%,就读商业实务学科的学生减少了40%。从其他个别的学科来看,信息处理学科的学生人数也减少了近50%[①]。与此相对,在大学的学部当中,信息学部、信息科学部、信息工学部三个学部的学生人数总和大约增加到了原来的三倍。

从以上的数据可以看出,无论是工业还是信息处理学科,都是由于与大学的竞争才会导致专门学校的学生人数减少。而在商业实务学科,在教育体系中的总体趋势就是持续减少,再加上与大学的竞争,必然会导致专门学校的人数大幅减少。也就是说,正是由于日本的大学迎来了全入时代,才导致了专门学校的生源都转而报考了大学。

另一方面,从专门学校与短期大学的关系来看,1993年至2006年这一段时间,日本短期大学整体上学生总数减少了将近50%,而专门学校中二年制的专门学校的学生总数仅仅减少了20%。也就是说,日本的短期高等教育在整体规模上缩小了,但是从专门学校的整体发展状况来看,专门学校实力犹存。

---

① 冢原修一. 现在日本专门学校的教育目标[J]. 月刊高校教育,2007(9):28-30.

4. 资格教育领域的情况

医疗、卫生、教育与社会福利等学科由于是指定的资格教育学科，所以学生人数不断增加。虽然在一些大学也存在着指定的资格教育学科，但是在数量上，专门学校依然占据主流。但是这些学科也存在着一些问题，例如必须要接受上级主管部门在教育内容与教育体制等方面的强行规定等。

（三）日本专门学校的变化特点

目前，日本的专门学校有3000多所，90%以上为私立学校，学生人数约为67万人①。日本的专门学校发展到现在，经历了怎样的发展过程、其学科变化与发展特点又是怎样的呢？

1. 学科人数的变化

如下表所示，专门学校的学生人数在1993年达到最高峰，此后逐渐减少，到1998年在学人数减至最低，此后至2006年又有所增加。从学科人数的变化来看，"工业"与"商业实务"在1993年达到了历史上人数的顶点，此后人数逐渐减少，比较1993年与2006年的数据，可以看出工业学科的人数减少到了50%，商业实务学科的人数减少到了40%。与此相反，医疗、卫生、教育与社会福利、文化与教养等学科的人数均有所增加。而服饰与家政学科一直是人数减少的趋势。也就是说，专门学校从1983年至2006年在学科构成方面发生了较大的变化。这也从另一个方面表明，专门学校富有灵活性，对升学、就业的社会需求反应较为灵敏，及时地进行了相应的调整。

---

① 冢原修一. 现在日本专门学校的教育目标［J］. 月刊高校教育，2007（9）：28-30.

表 2.6　日本专门学校学生人数年度变化一览表　　　　单位：人

	1983 年	1993 年	1998 年	2006 年
学生总数	385,911	701,649	634,379	667,188
工业	85,635	192,203	145,581	101,957
农业	432	2,427	2,735	3,096
医疗	102,102	140,238	171,006	208,523
卫生	30,331	37,215	48,680	84,804
教育、社会福利	16,917	35,028	54,664	61,790
商业实务	49,264	151,663	85,878	65,659
服饰、家政	55,416	37,889	31,247	23,067
文化、教养	45,814	104,986	94,588	118,292
资格教育领域的比例	50.1%	39.5%	53.5%	59.7%

资料来源：本表为笔者根据相关数据自制。

2. 高度化的倾向

如表 2.6 所示，从修业年限来看，短期的学科，尤其是修业年限在一年十一个月以下的规模有缩小的趋势。而三年制与四年制以上的学科则有规模扩大的趋势。从表 2.6 中计算可得知，2006 年有 30% 的学生就读于三年制的学科，7% 的学生就读于四年制以上的学科。

四年制课程的营养学科主要是让学生通过学习取得比营养士更高级别的管理营养士资格。美容学科在相关制度修订以后也从过去的一年制改为更为专业的二年制。

在四年制的课程中还包括信息处理、设计等学科。从信息处理学科的情况来看，主要是在信息安全等新兴领域培养高度专业的技术人才。随着社会的发展，对高度专业人才的需求不断凸现出来，信息安全这个新兴领域要求学校培养学生在掌握基础的信息处理知识与技能的基础上，对信息安全相关的知识与技能进行深入的学习。该专业的学生主要是以取得难度

41

较大的资格证书为目的。在设计学科，我们可以看到专业化的这样两个例子。第一，是对高级专业能力的培养，这一点在服饰设计方面表现得尤为突出。该专业要求学生在最初两年学习基础技术，从第三年以后通过各种自由设计活动培养学生作为未来设计师的创作能力。第二，培养专业的经营管理人才。在专业课程中将重点放在开设实业家培养、骨干力量培养等课程方面，让学生不仅掌握专业与经营两方面的知识与技能，更是让学生通过相互交流与合作构建起良好的人际关系，为日后的创业打下良好的人脉基础。

（四）日本专门学校发展的新动向

1. "专门士"称号

为了提高专门学校的毕业生在社会中的地位，文部科学大臣将赋予修业年限在二年以上并且听课时间为1700小时以上等满足一定条件的毕业生"专门士"的称号。2006年，专门学校中约有83%的学科即7210个学科得到了认可。同时，文部科学省还出台政策，允许满足一定条件的专门学校的毕业生申请编入大学就读。另外，根据2005年修订后的制度规定，修业年限在四年以上、听课时间达到3400小时以上、所听讲的课程是有体系的教育课程、通过考试等一系列评价达到毕业的水平等，只要满足这四个条件，文部科学大臣将赋予该毕业生"高级专门士"的称号。2006年日本全国有182所专门学校、280个学科得到了认可。根据该项制度的修订，满足一定条件的专门学校的毕业生将可以申请就读研究生课程。至此，专门学校终于实现了与其他高等教育机构的顺利接续。

2. 注重与高中的合作

随着少子化的日益严峻，高中生的数量今后将逐年减少。关注职业教育，已经成为当今教育界的一个重要课题。为了让高中生具有一定的职业意识，能够自主地选择未来的道路，专修学校将采取灵活的措施，积极地开展与高中的合作计划。主要对高中生进行职业意识教育，例如让学生了解在职业选择时所必需的知识、技能以及资格等相关内容，并对学生进行事例介绍，并且开展实践性较强的职业体验讲座等。自 2007 年开始，文部科学省已经开始推行了《专修学校与高中合作的职业教育推进计划》。该项事业的预算额达到了 9100 万日元①。该项计划主要的目的是，加深专修学校与高中之间的相互理解，加强双方的合作。

3. 重视自我评价与质量保证

日本的专门学校发展到今天，已经拥有一定的规模且具有稳定的发展态势。虽然，日本的专修学校制度只有三十几年的历史，可以说历史并不是很长。而且，在 20 世纪 80 年代，专修学校一直被看成是考不上大学的学生的避难所。如今，随着 18 岁人口的逐年减少，日本迎来了大学全入时代，也许在不久的将来，报考专门学校的学生也会逐渐减少。随着专门学校在规模上的扩大，学科的日益专业化，专门学校也被定位在了与大学等高等教育机构对等的位置上。因而，保证教育的质量与在社会中的信誉已经成为当务之急。2004 年，随着自我评价的推进及第三者评价体制的不断完善，以促进信息公开等为目的设立了私立专门学校等评价研究机构。

在西方发达国家中，一些国家不断提高短期高等教育的升学率。而日本却与众不同，在四年制大学规模不断扩大的同时，短期高等教育的规模正在逐渐缩小。但是，我们期待着具有职业导向的短期高等教育能够顺利地发展下去。在专门学校中，不仅开设三年制、四年制的专业化课程，更应该增设较多适应社会发展需要的新学科与新课程，吸引更多的学生投入到高度化、专业化的技术学习中来。这样，在让专门学校保持原有多样性的同时，更具有高度专业性的特点，另外，也应着力提高专业教育的质量。

---

① 筒井美纪. 专修学校与各种学校存在竞争吗 [J]. 月刊高校教育，2007（9）：35.

第三章

日本高等专门学校发展的历史回顾

日本在第二次世界大战后恢复经济发展，实现经济的高速增长，创造了令世界瞩目的经济奇迹。日本的高等专门学校正是创设于这一时期。当时，日本的政府为了充实社会资本，调整产业结构，进一步扩大贸易制订了著名的《国民收入倍增计划》。这一计划的实行，就是以提高国民素质与人的能力为目标的。为了适应产业结构的调整，人才的需求调整、技术人员不足、设立技术人员培养机构等都成了经济发展过程中的紧要问题，高等专门学校的创设就是在这样的背景下实现的。

第一节 日本高等专门学校制度创设的历程

追溯历史，高等专门学校制度创设构想最早是在1961年11月政令改正咨询委员会的答申文件中，该文件中提到，要重点设置职业教育的相关学校。中央教育审议会也在1964年11月以后对高等专门学校的课程设置进行了反复研讨（高等专门学校的学制为5年，相当于是高中的3年和短期大学的2年组合在一起）。日本经营者团体联盟在1956年、1957年，应产业界的要求，提出了尽快充实学生实习、设置专业学科，以及应尽早设置技术专门大学制度的建议。

一、高等专门学校创设的历程

（一）五年制崭新的学校制度

1. 修订《学校教育法》

为了创设高等专门学校这一学校类型，日本政府对《学校教育法》进行了修订，并于1961年6月17日颁布了《学校教育法一部改正法案》。自此，1947年以来的"6-3-3-4"制的单一的教育体制被打破，由于高等专门学校制度的诞生，新的教育体制"6-3-5"制（小学6年，初中3年，高专5年）加入到了教育体系中来。

2. 专科大学提案的国会审议

文部省在经过多方的调研之后，自1958年以来多次向国会提出，应将高等专门学校的课程分为前期课程与后期课程，前期课程与后期课程合起来共计5年或6年，应该创设这样的高等专门学校制度。但是，遗憾的是，国会的审议一直也没有通过。此后，日本政府的科学技术会议、东京工商会议所等社会各界要求尽早创设培养中级技术人员的学校制度的建议与意见不断提出来。

3. 创设高等专门学校的构想

短期大学的问题尚在调整中，社会各界强烈要求应尽早创设培养中级技术人员的学校，在这样的背景之下，文部省认为专科大学的提案很难进一步推进，于是将创设高等专门学校的提案提到日程上来了。在这一构想中规定，"初中毕业生具有入学资格，修业年限为五年一贯制"，关于教育课程与教员组织的相关规定没有采用专科大学提案中的建议，而是自成一体；主要教育目的在于，"传授学生深厚的专业技能，培养学生掌握职业所需的必要的能力"，学校开设的学科领域与工业发展相契合。这一构想在中央教育审议会第15次特别委员会上获得了通过，然后由文部省提交给国会审议，顺利通过，于是自1962年4月开始日本高等专门学校制度正式确立。

（二）高等专门学校的使命和教育

1. 培养技术人员的高等教育机构

高等专门学校是伴随着日本经济发展，为国家工业发展而设立的培养中级技术人员的高等教育机构。高等专门学校的使命在于，传授深厚的专业技能，培养职业所需的能力。对于四年制大学来说，教学和研究是最重要的两个方面。而高等专门学校的侧重点主要在教学，研究被排除在外。在高等专门学校的相关规定中，一方面希望通过学校教育能够让学生尽快适应未来的职业生活，在学校的教学中，包括卫生辅导业务、课外教育活动，以及学生宿舍指导等方面被列为重点。

2. 教育课程的标准

为了能够实现高等专门学校的教育使命，文部省在发展高等专门学校的基础上，咨询教育课程等研究协议会，确定教育课程的标准（试行方案）的中心概念。在设置基准中，授课的课时数，每年共计35周累计210天，授课时间为每节课50分钟，累计为6545小时，一般科目是2905小时，专门科目是3640小时。由此可见，专门科目约占56%，所占比重比较大。

高等专门学校创设之初，一般来讲，在高专进行大学的专业教育是在学生二年级的后期以后，专业教育的时间大约是两年半；高专的教育特色是实行五年一贯制，并且专业教育的课时数比较充足，实验、实习、设计制图等方面的教育也比较重视。

（三）高等专门学校的管理和运营

1. 高专校长的责任

高等专门学校的校长负有监督管理校务所属职员的责任。先来看一下日本的大学校长所发挥的职能。一方面，校长发挥着领导全校教职员的职责；另一方面，学术研究是大学的一项重要职能，大学内设有学部，学部有学部长，大学内的教授会负责学部的管理工作，这就是所谓的大学自治。大学的校长在了解大学自治的基础上管理全体教职员工。

与四年制大学不同，高等专门学校并没有设置教授会、评议会这样的机构，日本也没有相关的法律规定，因此，学校的所有事情均由校长一人独揽大权。实际上，为了杜绝校长一人独断，学校里要求要充分听取教职员的意见与建议，然后才能制订和实行重要计划；为此学校设置了教师会议、学科以及学年的主任会议、各种委员会，采用多样的管理方法，在学校管理方面下功夫。校长为了更好地监督和管理全校教职工，校长自身必须要具有高尚的人格，具有较高的远见卓识，还必须具有优秀的管理能力。

2. 教师的组织构成

高等专门学校设置了学科，但是这个"学科"与大学中的学科有所不同。在四年制大学中设置了"讲座制"，高等专门学校没有引入"讲座制"。高等专门学校的独特之处在于，除了校长负责全校教育的全面工作之外，学校里还设置了"教务主管""学生主管""宿舍事务主管"等职位。一般来讲，教务主管是由教授来担任的，主要负责在校长的领导下制订教育计划以及管理其他教学事务；学生主管主要是在校长的领导下对学生进行辅导以及管理等事务；宿舍事务主管主要是后来设置的一个职位，这个职位的主要职责是，在校长的领导下，对住宿的学生进行管理。

3. 事务组织

国立高等专门学校设置之时，无论是庶务关系、会计相关的事务、教务相关的事务、厚生辅导相关的事务等都是作为学校事务进行一元化管理的。与四年制大学相比，高等专门学校作为小规模学校这样处理相关事务是比较合理的。

（四）国立高专的人事创设

1. 开设的准备

国立高等专门学校在正式开设之前做好了充分的准备，例如学校选址的确定、校舍的确定、宿舍的确定等，每个学校所在的县或市负责，学校教职员的确定由当地国立大学在县教育委员会的帮助下设立预备委员会，对于教育与职员进行选考，并将选考结果向文部省汇报。由于从当时社会情况来看，人才十分紧缺，因此，出于对高等专门学校性质和教育目的的考量，高专的教师除了从高中和四年制大学中进行抽调与募集之外，还从活跃在产业界第一线的优秀技术人员中进行募集，这主要是出于增加经验丰富的技术人员的角度考虑的。

2. 教职员录用

国立高等专门学校最初创设的时候，规定每所高专教师13人（包括助手在内），职员12人。从高专的实际情况来看，为了保障一般教养科目的任课教师充足，承担专业课的教师每个专业只有1名教师，人员严重不足。

从高中募集的教师，一般来自县内或临县相关学科的优秀教师；来自四年制大学的教师，一般是擅长研究和热心教学的教师。关于高专的教师资格（国立高专教员的任用候补者标准），制定了的相应的比较严格的标准，该标准由文部省主管的委员会进行审查认定，从而有效保障国立高专具有较高水平的师资队伍。

关于职员的招聘，文部省事先征询了内定的事务长关于职员招聘的意向与想法，担任具体工作的庶务、会计、教务的工作人员是从当地的国立大学进行选考的。

3. 教师的待遇与补贴

国立高专为了募集到更多优秀的人才加入教师队伍中来，在待遇方面是十分优厚的。这是吸引优秀人才的先决条件。另外，对于从四年制大学调动过来的教师一般会给以晋升的条件，这样人事调动方面就会推进比较顺利。另一方面，从地方公立学校和产业界调动过来的人员，调动过来以后会在高专进行薪水和待遇的换算，如果出现薪水略有降低的情况，会通过提高待遇等措施进行补偿，从而有效保障人才的募集。

1963年规定国立高等专门学校教员的薪水与待遇，一般是在四年制大学与高中之间，对于五年一贯制的高等教育机构的特殊性，还是有一定考量的。多数的国立高专，一般由18名教师组成，其中有9名讲师，之后是教授、副教授，这样设置之后，待遇也会相应提高。

（五）国立高专创设时的设施整备

1. 国立高专招生方针

1963 年，国立高专确定开设 12 所学校以后，文部省发布了国立高专的招生方针。在校园占地面积方面，校舍、学生宿舍等共计 30000 平方米，职工宿舍共计 3000 平方米，合计 33000 平方米。后来，关于学校所占土地的大小以及职工宿舍，根据地方财政法等相关法律又进行了国家购买和相应的调整。

2. 国立高专的建筑

根据国立高专的建筑计划，两个学科三个年级大约需要 2300 平方米，三个学科三个年级大约需要 2750 平方米，工程的施工预计第一年完成 40%，第二年和第三年分别完成施工进度的 30%。一般教室的大小是 56 平方米，是比较狭窄的，此外，高年级的学生教室不足，这种情况在 1970 年增设教室之后才得以改善。

3. 学生宿舍的建筑

初步计算每个学生在宿舍中所需的面积，然后结合学生的人数，在估算的过程中，考虑到高年级学生（四年级和五年级）可能会逐渐适应毕业后走向社会的生活，所以在人数方面，四年级和五年级人数约占住宿总人数的 20%，三年级学生人数约占 30%，一年级和二年级合起来的人数约占住宿总人数的 50%。因为高等专门学校学生与四年制大学的学生不同，具有独特性，因此必须要在教育、生活方面进行周全的考虑。

4. 室内运动场

室内运动场的建筑面积也是根据学生发展的需要，预计能够供 1000 人使用的，五个年级大约 350 平方米。最初的打算是，在学校开设初期，最好能够达到 3 个年级 600 人可以使用。此外，武术馆、游泳池按照计划将在校舍完工后的第四年开始施工。从全国来看，高等专门学校的设施整备正在积极有序地推进。

二、日本高等专门学校设置的变迁

（一）四年间开设54所学校

1. 相关法律的创设

6-3-5制的崭新的高等专门学校制度导入法案，在1961年6月由国会审议通过，得以确立。当时，政府打算让各地方教育机构进一步推进，趁机振兴地方经济与发展。要努力提高高中的教学质量，随着初中毕业生人数的增加，增设高中学校的任务成了地方财政严重的负担。就是在这一时期，高等专门学校的相关法案成立了，文部省下令开始行动，让地方政府为高等专门学校准备学校用地等。

2. 当初四年间开设54所学校

1962年4月，日本开设了19所高等专门学校。根据《国立学校设置法的一部分修订》，国立高专中有函馆、旭川、平、群马、长冈、沼津、铃鹿、明石、宇部、高松、新居浜、佐世保这12所学校；公立高专包括东京都立航空高专、东京都立工业高专；私立高专包括圣桥工业高专（琦玉）、金泽工业高专、熊野高专（三重）、大阪工业高专、高知工业高专，私立高专共计5所。其中，长冈工业高专取代了原来的国立长冈工业短期大学，重新开始招生。包含航空高专在内，当时相关法律规定的高等专门学校的学科领域仅限于工业。

1963年，又一批国立高等专科学校得以开设。八户、宫城、鹤冈、长野、岐阜、丰田、津山、阿南、高知、有明、大分、鹿儿岛这12所国立高专得以开设。新开设的公立高专包括大阪府立工业高专、神户市立六甲工业高专；私立高专包括育英高专（东京）、几德工业高专（神奈川）。新开设的国立高专、公立高专、私立高专共计16所。其中，高知工业高专以前是私立的，现在变更为国立。

接下来，1964年，又有一批学校陆续成立。新成立的国立高专包括苫小牧、一关、秋田、茨城、富山、奈良、和歌山、米子、松江、吴、久留米、都城，共计 12 所。1965 年新开设的国立高专包括钏路、小山、东京、石川、福井、舞鹤、北九州共计 7 所，私立高专包括桐荫学园工业高专（神奈川）。于是，在四年时间里陆续成立了 54 所学校，日本全国设立高等专门学校暂时告一段落。

3. 商船高专的开设

1969 年，以前在专业领域方面仅限于工业的高等专门学校发生了变化，适应经济发展的需要，开始增设商船高专。新增设的商船高专包括富山、鸟羽、广岛、弓削这 5 所学校。这主要是由于当时运输省的海技审议会以及海运业急需掌握高度专业知识与技术的优秀传播技术人才，因此他们提出了要求创办商船高专的强烈愿望。于是，文部省下令增强高专的教育教学内容，创立商船高专。也是在这一年，木更津（千叶）作为国立工业高专也得以开设。

4. 电波高专的开设

为了进一步推进教育近代化，充实与改善教育内容，1971 年在现有的仙台、诧间、熊本这三所电波高中的基础上开设了仙台、诧间、熊本这三所国立电波工业高等专门学校。

随着逐年增设学校，高等专门学校的数量不断增加。1971 年，日本全国已经有工业高等专门学校 55 所（国立 44 所、公立 4 所、私立 7 所），商船高专 4 所，电波高专 4 所，共计 63 所。这在日本教育史上是一个较大的改革与创新。

5. 高专的全国配置

从国立高等教育机构的招生宣传活动来看，国立高专的定位，不仅是关注国立大学的工科学部所在的城市，对于县内工业发展的比较迅速的地区也比较关注，有很多工业高专是开设在县内工业发展比较迅速的地区，在 55 所国立高专中，有 80% 是开设在县厅所在地以外的城市。高专的开设，增加了高等教育升学的人数，较好地提高了高等教育入学率，为县内的学生提供了高等教育入学的机会，发挥了较大的积极作用。此外，高专

51

提供宿舍，让家庭经济条件不是十分宽裕的学生有了更多的升学机会，从而促进了地区高等教育的发展。高专的开设，对于提高产业技术，培养企业所需的高水平的技术人才，促进学校、企业、本地区经济发展的交流与合作，在实践层面上凸显了高专的特色。

1974年又有两所国立工业高专（八代、德山）得以设立。

6. 一部分私立高专的变化

1975年以后，开设于大城市周边的私立高专出现了新的动向，一部分私立高专升格为大学。例如几德工业高专在1978年升格为几德工业大学；大阪工业高专在1979年升格为摄南大学；圣桥工业高专在1979年升格为琦玉工业大学。

后来，1992年，桐荫学园工业高专升格为桐荫学园横滨大学；2005年，札幌市立高专也升格为札幌市立大学；2006年，都立航空高专和都立工业高专合并为都立产业技术高专。

2003年，新增设了国立冲绳工业高专，2005年开始招生。从日本全国来看，47个都道府县中，只有5个县没有开设高专，分别是山梨县、滋贺县、佐贺县、琦玉县和神奈川县，其中琦玉县和神奈川县是由于废除了以前的私立高专。

7. 高度化再编

2010年10月，国立高专在四个县内以高水平发展为目标，对现有高专进行了整合，例如将工业高专、电波高专或商船高专进行整合，将两所学校合并成一所学校。于是，合并后的仙台高专、富山高专、香川高专、熊本高专开始发展。合并后，每所学校均有两个校园，规模也有所扩大，实践课程与技术的优势也将不断彰显出来。

（二）学科的增设

1. 从创设学校开始不断增设学科

高等专门学校从创设之日起，就开始酝酿学科与专业的增设。1962年，日本国立高等专门学校开始开设，最初的四年新开设的国立高专分别是 12 所、12 所、12 所、7 所，连续开设了共计 43 所国立高专；自第五年开始不再开设新的学校，开始着手增设新学科与新专业。于是，在 1966 年，开设于 1962 年的第一批国立高专每所学校均增设了一个新学科。

此后，对于 1963 年开设的第二批国立高专，开始考虑让学校的学科与县内产业有所相关，让县内的相关企业提出增设新学科与新专业的申请，从而考虑增设新专业与新学科。在第二批的国立高专中，只有 6 所学校在 1967 年增设了两个新学科；1969 年第三批国立高专的 12 所学校中有 11 所增设了新学科；1970 年，第四批国立高专中 7 所学校均增设了新学科；至此，国立高专的学科增设大约继续了 5 年，到 1970 年，招生规模大约为 160 人。

2. 商船高专与电波高专

1967 年设立的商船高专，最初设立之时，在日本全国共计有 5 所商船高专，每所学校在航海学科与机关（发动机）学科各开设一个班级。后来，在 1969 年，应海运业和运输省的要求，在其中两所学校的航海学科增设了一个班级，另外三所学校机关学科增设了一个班级。这次的调整不是增设学科，而是进行班级的扩充。

日本的电波高专创立于 1971 年，当时设立了三所电波高专，在 1976—1980 年的学科增设与调整中，这三所电波高专每所学校均是由三个学科构成的。

总体来看，国立高专自设立之日起，所有的学校在五年时间里基本上进行了学科增加、学科调整、班级增加等，每所学校的招生名额都增加了 40 人，日本全国共计增加了约 2000 人。作为主要的技术人员培养机构，高等专门学校已经成为具有一定发展规模、被社会广泛认可的教育机构。

3. 学科扩充整备与改组的方向

1984 年 7 月，根据大学设置审议会高等专门学校分科会的中间报告，高专当前的改善方针主要在以下几个方面，主要包括学校运营的方针、教育内容与教育方法的改善、学科的整备与转换。具体来说，第一，情报（信息）相关、电子相关以及机械相关学科的扩充整备；第二，在商船相关学科，部分调整物品与情报（信息）流通相关的专业学科、船舶机械系统的电子制御的专业学科等；第三，调整金属工学科向范围更广泛的材料工学科迈进。主要是这三个领域的具体建议。

1992年2月，在大学审议会的高等专门学校教育改善的答申文件中提出，除了增设情报相关学科之外，应不断推进生物相关、材料相关学科的增设与调整，顺应时代需求，有必要采取积极的对策。例如，在土木工学科，将建设、开发与环境保护纳入视野的新学科进行增设，对现存的学科进行重新审视与调整，有必要不断地研讨推进。

4. 第二轮学科增设

在如此的背景之下，1975年以后，国立高专进行了学科增设与调整。例如，1983—1988年，日本全国有10所学校增设了"电子制御工学科"；1986—1993年，有9所学校增设了"情报工学科"；1986—1989年，有7所学校增设了"电子情报工学科"；1989年有1所学校增设了"生物工学科"。

5. 国立高专的学科改组与名称变更

五所商船高专在电波高专调整与改革之后也进行了一系列调整。在1985年和1988年分两个阶段，对商船高专进行了调整。具体来说，将航海学科、机关学科调整为"商船学科""情报工学科""流通情报工学科""电子机械工学科""电子制御工学科""制御情报工学科"等。

在工业高专中也进行了一些调整，例如1986年以后，有6所学校将"金属学科"调整为"材料工学科""情报工学科""环境材料工学科"；1988年以后，有18所学校将"机械工学科"的两个班级中的一个班级调整为"制御工学科"或"电子制御工学科"。

接下来，在1989年以后，25所学校将"工业化学科"调整为"物质工学科""生物应用化学科""物质化学工学科"；1994年以后，有20所学校将"土木工学科"改组为"环境都市工学科""建设系统工学科""建设环境工学科""都市体系工学科"。

2000年以后，将"电气工学科"变更为"电气情报工学科"的学校有5所；另外有300所学校将"电气工学科"变更为"电气电子工学科""电气情报工学科""电气媒体工学科""电气电子系统工学科"。学科名称的变更在其他领域也能看到。

6. 公立高专和私立高专有特色的学科

公立高专和私立高专在学科增设与调整情况方面，2006年以后，大阪府立高专增设了"综合工学系统学科"，近几大学高专增设了"综合系统工学科"，2007年都立高专增设了"制物工学科"，并将所有学科进行统一；公立高专和私立高专一般调整的是国立高专没有的科目，这样的科目比较引人注目。

第二节　日本高等专门学校制度的修订与审议会的答申

1962年，日本高等专门学校的第一批学生正式入学。两年后，国立高专协会理事会为了让高专的毕业生能够在毕业后编入四年制大学，升学对策委员会对高专学生的进路问题进行了研讨。此后，在1965年，日本国立高专学会理事会专门成立研讨"专攻科"的特别委员会开始对该问题进行研讨。

一、初期的升学对策与专攻科的构想

（一）编入四年制大学与专攻科

关于高专毕业生的就业去向，除了去企业等地就业之外，根据《学校教育法》的相关规定，高专毕业生可以参加编入考试，编入四年制大学进入大学三年级学习；另外，对于完成5年学制的学生来说，如果他们希望进一步深造，也可以在高专中设置"专攻科"，让学生们进一步研究与学习。在国立高专协会理事会中有这样两种建议与意见，在征询了学校里学生、教师等的建议与意见之后，大家认为，关于编入四年制大学的做法，

可以采取与当地的四年制大学进行合作,努力争取获得文部省的支持;关于设置"专攻科"的建议,继续推进研讨,将研讨的结果上报文部省,由文部省最终决定。

(二)草创期的编入四年制大学

1966年,日本高等专门学校迎来了首批毕业生。由于是第一批毕业生,企业界非常欢迎,于是这一批毕业生在距离毕业9个月的时候,均已在大企业内定就职。高专毕业生的升学通路还不是十分明朗。就是在这一年,沼津高专的毕业生有6名可以通过考试等流程编入对口大学静冈大学的大学三年级,仅有沼津高专的毕业生能够享受这样的福利,这是第一批编入四年制大学的高专学生。第二年,铃鹿高专等几个学校的学生通过了东北大学的三年级编入募集考试,取得了合格的成绩;山梨大学也在文部省的指导下接收10名高专毕业生。此后,越来越多的四年制大学开始接收高专毕业生。

(三)四年制大学方面的情况

高专毕业生通过一系列考试编入四年制大学,从接收学生的四年制大学的情况来看,由于教育课程的不同,高专毕业生编入三年级以后可能需要进行特殊的教育指导;高专学生在大学内可能需要转专业,参加学士入学考试也不是很有优势等,四年制大学方面就会存在这样那样的考量与顾虑。但是,由于第一批编入静冈大学、东北大学的高专毕业生勤勉学习的态度与优秀的学业成绩,让更多的四年制大学向高专的毕业生敞开了入学的大门。其中包括东京工业大学、电通大学、东京农工大学等。此时,编入四年制大学有两种类型,包括三年级编入和二年级编入两种。

二、技术科学大学的创设

(一)为高专毕业生创设的大学

1969年以来,国立高专协会理事会的成员们提出,应该在区域内至少一所学校设置"专攻科",或者应该为高专的毕业生设置相关的技术科学大学。关于这一研讨是在专攻科特别委员会持续进行的,将这个暂称为工业技术大学(学院)的使命、入学资格、招生人数、教育教学内容等广泛的内容纳入设计方案,1969年12月在专攻科特别委员会的最终研讨会上进行了详细的说明,在1970年,继续由新构想大学特别委员会进行准备。最终,在1972年8月,文部省成立了"关于技术科学系新高等教育机构构想调查会议",对于新构想大学的校内设施、入学定员、招生人数、教育研究组织等相关内容进行研讨,并进行1973年的相关预算与招生要求的研讨,最终确定1976年新构想大学正式开始招生。

(二)技术科学大学的创设

1974年4月,东京工业大学设置了"技术科学大学院(暂名)创设准备室",进入到新构想大学的创设阶段,1976年5月根据《国立学校设置法部分修订法律》,决定设置长冈技术科学大学与丰桥技术科学大学。自1964年开始探讨的设置专攻科的问题,也终于在1976年10月随着两所技术科学大学的开学而尘埃落定。经过了一年半的积极准备,1978年4月这两所技术科学大学正式开始招生。

在积极筹备开学的过程中,这两所技术科学大学由于比较特殊,没有一年级和二年级的学生,所以一些人会思考这两所技术科学大学与现行《学校教育法》之间的关系。后来,随着增设工业高中毕业生每年一次的入学考试而得以圆满解决(也就是说,工业高中的毕业生可以考入技术科学大学)。

三、编入四年制大学的学生人数不断增加

1967年开始实施高专毕业生编入四年制大学,就读三年级,在这一年约有毕业生总人数的2%的学生选择通过考试,编入四年制大学的三年级,具体人数为108名;10年过去了,1977年约有7%的毕业生选择编入大学三年级,具体人数增加到了587人。这十年间,人数增加的比较显著。由于编入四年制大学的高专毕业生素质较高,在四年制大学中获得了较高的

评价，所以，四年制大学非常欢迎接受高专毕业生，每年接收的高专毕业生人数逐年增加。再加上，自1978年开始，长冈技术科学大学与丰桥技术科学大学开始招生，截至1992年，能够接收高专毕业生的学校已经有55所国立大学、4所公立大学以及51所私立大学。1987年，编入大学三年级的高专毕业生人数已经占到了毕业生总人数的10%，1996年这一数字已经超过了20%，2012年，这一数字已经达到了25%，编入大学三年级的毕业生人数为2542人；其中每年升入两所技术科学大学的学生约为700人。

在这一时期出现了学生可以同时报考两所技术科学大学和其他四年制大学的情况，这两所技术科学大学针对此种情况采取了积极的应对措施，对报考的学生提供学费、研究室特别推荐等的优厚待遇，吸引学生报考。这一项特别推荐制度是从2013年开始实施的。

四、从高中编入高等专门学校

（一）从工业高中编入高专

从1972年末开始，开始研讨工业高中的优秀毕业生可以编入高等专门学校这一问题。主要是从以下几个方面来考虑的。第一，工业高中的学生有志于将来从事工业技术的工作，这种愿望十分强烈；第二，高专由于学生的志愿变更等导致高年级的学生人数减少；第三，由于报考高专的人数日渐减少的趋势，作为学校方面的应对措施，考虑接收工业高中的优秀毕业生等。

另外，学生在初中毕业以后选择了工业高中作为升学的目标，后来在工业高中毕业后有可能选择高专作为进一步深造的选择，从某种角度上来讲，工业高中与高专的课程设置是存在差异的，工业高中毕业后编入高等专门学校是否能够适应高专的学习？学术界存在这样的担心。

1974年，大分高专和高知高专率先实行了四年级编入考试，大分高专从3名应试者中录取了1名学生，这名学生成为了高专最初的编入者。最初编入高专的这一批学生由于素质高，获得了来自高专的一致好评，于是，1975 年有 4 所学校实施了学生编入考试，其中 3 所学校共接收了 17 名考试合格的学生。对于编入高专的学生来说，不仅需要学生自身具有顽强的意志和必要的努力，学校也需要针对课程计划的差异，根据不同科目的情况对学生进行不同程度的补习。从具体情况来看，几所高专都面临这样的问题，1988 年以后，几乎所有的高专都开始实施接收编入生的工作，同样，他们也面临对学生实施有针对性的补习工作。

（二）从普通高中编入高专

不仅是工业高中的学生，连普通高中的学生也开始编入高专。1986 年，富山高专已经开始接收普通高中的学生了。1991 年，日本全国共计有 15 所学校开始实施这一项目，其中有 5 所高专接收了 28 名学生。

由于 18 岁人口的不断减少，大学全入时代的到来，从工业高中和普通高中编入国立高专的学生人数也减少了。

在 1991 年 4 月的中央教育审议会上，在名为《针对新时代教育诸制度的改革（答申）》文件中指出，要拓宽职业高中毕业生的进路选择，允许高中毕业生编入高专四年级。这样一来，对于在高专学习了 5 年的高专学生来说也是一个很好的激励，这一做法应该适当推进。

五、从数量的增加到质量的提升

（一）增加教师的人数

1966 年到 1970 年，随着日本国立高专的迅速发展，学科不断增设，学校规模也不断扩大，充实教育内容，提升教育质量，增加教师人数，进一步改善教育环境成了当前重要的任务。来自社会各界要求增加教师人数的呼声很高。

从具体措施来看，全国高专增加应用数学的任课教师是从 1972 年到 1976 年，此后是增加应用物理学科的任课教师人数。与此同时，国立学校的运营费用，包括学校经费和差旅费根据计划于第二年开始上调。

（二）关于计算机教育

1965年以后，日本全国的国立高专的计算机教育体系逐渐建立。为了提高信息处理教育内容的教育质量，在群马高专（1975年）和沼津高专（1976年）以地区为单位设立了共同利用研究机构，并安排了2名专职人员负责，特意设立了信息处理教育中心负责该项工作。

（三）学内共同利用研究设施

主要的措施在于，学内共同利用研究设施的设置方面，侧重凸显学校特色、提升教育研究质量等方面。1975年以来，福岛高专设置了环境科学教育研究中心，久留米高专设置了综合试作技术教育中心。后来，每年有二三所学校创设具有特色的教育研究机构，创设的研究机构不仅是学校之间可以共同利用的，还包括与地区产业振兴紧密相关的研究机构。

此外，国立高专由于来自经济繁荣的影响，政府的公共事业拨款不断增加，日本国立高专各所学校都修建了第二体育馆（约380平方米），厚生设施（约700平方米），教学楼（约660平方米）等，为高专教育质量的提升创造了一定的条件。

（四）选修课制度的导入

1976年7月，根据《高专设置基准》的修订，时隔15年对教育内容进行了调整；1977年4月，开始实施新的调整后的标准，根据这个标准，对授课的科目进行了研讨，将授课内容进行了精简，授课时间也进行了缩减，引入了选修课制度，充分体现出了适当的"宽松教育"发展方向。高等专门学校各自凸显特色，在教育课程的构建方面苦下功夫。

六、1991年相关法律进行大幅度修订

1991年，高等专门学校制度迎来了发展的第三十个年头。经过了三十年的发展与变迁，高等专门学校学科领域不断扩大，设置专攻科，授予准学士的称号等，与创设之初已经发生了翻天覆地的变化，相关法律法规也及时进行了修订与完善。

1991年3月，《学校教育法》《国立学校设置法》进行了部分修订，并于4月份进行了公布，7月份开始正式实施。《学校教育法》中关于高等专门学校的修订主要体现在如下几个方面，第一，原来在第七十条第三款规定，"高等专门学校可以设置工业学科或商船学科"，修改之后，变更为"高等专门学校可以设置学科。"这样一来，不再仅限于工业或商船学科，学科领域得以扩大；第二，在第七十条第六款规定，高等专门学校能够设置专攻科，这是此次新设的规定；第三，在第七十条第八款规定，高等专门学校的毕业生可以获得准学士称号。这几方面的修订缘由与修订的具体内容将在后面的论述中详细论述。

七、学科领域的扩大

（一）大学审议会、临时教育审议会的答申

高等专门学校制度创设之初，关于学科是这样规定的，"可以设置工业学科"，此后，在1967年的法律修订中，加上了"可以设置商船学科"，学科领域得以扩大，根据1991年相关法律的再次修订，学科领域又扩大到了工学、商船之外的其他学科领域。鉴于以上原因，1984年6月在大学设置审议会大学设置计划分科会的报告中，特意指出，高等专门学校有必要拓展到工学以外的学科领域。

1986年4月在临时教育审议会第二次答申文件中提到，"关于高等专门学校，应拓展到工业、商船以外的学科领域，也可以探讨名称的变更事宜"，后面又进一步提到，"应该拓展到外语、信息管理、艺术设计等相关学科领域，可以考虑将学校名称变更为专科大学（暂定）"。

1988年6月，在国立高专协会递交给文部大臣的六项愿望书中，也提到应将学科领域多样化。1991年2月，大学审议会《改善高等专门学校教育》的答申中，进一步指出，"可以考虑拓展到农业、商业、外语、信息、艺术、体育等领域"，第二年3月由于制度修订，学科领域进一步扩大。在1992年4月，中央教育审议会的答申文件《新时代教育制度的改革》

中提出，"高专在扩大学科领域的时候，应该酌情考虑该领域的特质、将来的发展，进行谨慎地研讨"。

（二）新领域的学科开设

随着产业结构的调整与现代科学技术的多样发展，设置新的学科势在必行。具体来说，灵活应对产业界和社会新需求，可以设置经营信息学科、交流信息学科、国际商务学科等。在大学审议会的答申中所举例的广泛领域，主要提到了与信息、外语相关联的领域，所以在学科领域的选择上还是比较慎重的。

八、专攻科的设置

（一）设置专攻科的讨论

1965年7月，国立高专协会设置了"专攻科特别委员会"主要负责高专专攻科设置的讨论。后来，在研讨了开设长冈、丰桥两所技术科学大学的议题告一段落之后，1978年，这两所技术科学大学开始招收学生。在历经了10年的发展，时间到了1989年，在国立高专设置专攻科的要求再次被提上日程。

（二）大学审议会的答申

1991年2月，文部省大学审议会在名为《高等专门学校教育的改善》这一答申文件中，提到了"专攻科制度的创设"，主要包含以下内容。"随着科学技术的高速发展，高专毕业生在毕业以后需要进一步深造。许多学生提出，希望在高专毕业后能够留下来，进一步接受高水平的教育研究指导。有必要以高专毕业生为对象，设置特别教育项目，对学生开展精深程度的特别教育研究指导。专攻科的设置，对于以高专毕业生为主要对象的社会人，满足他们的学习需要，提高高专的研究职能具有长远的影响。"

（三）专攻科的设置

文部省收到了大学审议会的建议，1991年3月，进行《学校教育法》的修订，在高专设置专攻科成为可能，最终决定将于下一年度顺次设置。

首先开设专攻科的学校是奈良、新居滨，在这两所高专开设了专攻科，此后每年都会有几所学校陆续开设专攻科，直到2005年，大部分高专均开设了专攻科；2009年新开设的国立高专冲绳高专也设置了专攻科，至此，日本全国的国立高专都设置了专攻科。1998年以后，日本全国的公立高专和私立高专几乎都开设了专攻科，有助于高专毕业生进一步求学深造。

据统计，2011年，高专毕业生中约有16%的学生选择在毕业后升入专攻科，人数约为1585名，如果加上编入四年制大学的学生，高专毕业生选择升学的比例已经达到了39%。后来，高专专攻科的毕业生又有大约三分之一的人数选择升入研究生院（大学院）继续深造。

九、高专毕业生的准学士称号

（一）关于高专毕业生的称号

高专毕业生在学校学习5年，有人提议应该给高专毕业生授予一定的称号。1989年3月，在《高等专门学校未来教育体制的相关调查研究》研究报告中，提到"全体高专改善施策"，主要包括如下内容，"对于高专毕业生应该授予一定的称号"。于是，在1989年3月24日，国立高专协会、公立高专协会以及私立高专协会，三个学会以会长的名义联名向文部省主管负责人提出"关于授予高等专门学校毕业生称号"的相关建议，并将称号命名为"高专学士"。

（二）准学士

1991年2月8日，在《大学审议会答申》文件中，提出应改善高专教育，提升社会共识与评价，作为改善的对策，应尽早给予高专毕业生相应的称号，"准学士的称号比较合适"。于是，在1991年7月进行的《学校教育法》修订工作中，明确将对本年度毕业的高专毕业生授予准学士的称号。同时将短期大学的毕业生授予称号进行变更，将"准学士"改为"短期大学士"。

十、专攻科毕业生的学士号

与专攻科设置相关的，是学位授予机构关于专攻科毕业生学位的研讨。1986年4月，在临时教育审议会的第二次答申中，提出了初步的建议；此后，大学审议会在1991年2月提交了"关于创设学位授予机构"的答申报告。这一时期，正好有高专相关一系列法律修订，1991年7月在其他相关修订的法律开始实行的同时，《学位规则部分修订的省令》也开始实行。

关于高专的相关内容，文部事务次官在通知中指出，"学位授予机构规定，短期大学或者是高等专门学校的毕业生（略）完成了在短期大学或高等专门学校专攻科的学习，满足了毕业的全部条件，经过审查合格，授予学士学位"。以此为契机，在专攻科完成了两年的学习，接受学位授予机构的审查，审查合格，将授予学士学位，也就是说，通过高专专攻科的学习，可以最终获得学士学位。

现在专攻科的毕业生，接受学位授予机构的审查，在3月的毕业典礼上，同时可以拿到学校专攻科的毕业证书和学位授予机构的学位证书。

十一、高专设置基准的大纲化

（一）伴随法律修订的省令修订

随着1991年的相关法律修订，6月《高等专门学校设置基准的部分修订省令》正式颁布，高专设置基准以大纲化为主要原则进行大幅度修订，7月开始正式实施。

在当时文部事务次官的通知文件中指出，"各个高等专门学校，基于各自的教育理念、教育目的，适应社会各界的要求与期望，构建具有自身特色的教育，根据高等专门学校设置基准的大纲化进行弹性调整，从振兴终身教育的观点，通过高等专门学校实现学习机会的多样化，总而言之，提升高等专门学校的教育教学水平，积极实施各个学校自我检查与评价。"

（二）设置基准的大纲化

高专设置基准的具体修订，体现在以下几个方面。

首先，在教育课程方面。授课次数的规定，授课科目的详细规定，必修学分的规定，学分的计算方法，一学分的授课时间规定（50分钟），毕业论文（毕业研究）等，规定了学分的数量。

其次，关于课程修了的认定，认定课程修了所必需的学分数量为167个学分以上（一般科目为75个学分以上，专业科目为82个学分以上）。商船学科规定，除了练习船实习之外，要求147个学分以上（一般科目75个学分以上，专业科目62个学分以上）。

最后，在设施设备方面，废除了关于专业教育所需要的设备种类的相关规定，在信息处理、体育馆、图书馆等方面进行了更为详细的规定。

十二、高专的自我评价与外部评价

（一）自我点检评价

关于自我评价方面，1991年2月8日在大学审议会答申文件中提出了该项要求，1991年6月在高专设置基准修订过程中，明确要求实施自我点检与评价。在正式实施之前，各个高专自身需要进行研究与探讨。

（二）设置基准的修订

1999年9月，《高专设置基准》进行修正，其中指出，高等专门学校，应该结合高专所进行的教育研究活动等的状况，进行自我点检与评价，公布其结果，此外，针对点检与评价的结果，进行外部评价与检证，致力于修正与完善。同时，要将学校的教育研究活动状况积极的公之于世，授课内容、方法的改善，实施有组织的研修与研究，要将这些学校采取的措施、努力都向社会公布。高专的自我点检评价，各个学校在实施的同时，要将实施的具体内容积极对外发表。

（三）接受机构认证评价

所谓外部评价，是指与大学自我点检评价相并行的评价。这项制度也引入了高专以及短期大学，具体来说，是在 7 年时间里，必须接受认证机构所实施的评价。该项评价要对学校的教育教学目的、教育内容、教育成果、财务情况、管理运营、研究活动等进行全面审查。从 2005 年到 2010 年，日本全国所有的高专，包括国立、公立和私立的高专，全部接受大学评价与学位授予机构的外部评价与审查，对于学校是否满足基本要求进行认定。从 2011 年开始进行了第二轮的认证。

（四）JABEE 的审查

日本技术者教育认定机构（JABEE）是针对大学等高等教育机构实施的技术者教育项目，作为外部评价机构，对参与审查的机构做出公平的评价，审查该机构是否具有社会期待的水平与标准。该机构所进行的评价与审查，是被国际公认的高水平的专业评价与认定。为了提升教育质量，2011 年对专攻科修了项目进行了认定，日本全国共有 46 个国立高专 72 个项目接受了认定。

（五）利用媒体，履修国外的课程

1998 年 3 月，随着信息通信技术的迅速发展，高专在课程中较好地引入了多样的媒体技术，并将其作为授课方法写入了《高专设置基准》，从而实现了制度的弹性化。

根据 2001 年 3 月设置基准的修订，要从根本上重视教授等教师资格要件上规定的教育教学能力，允许履修国外的课程，可以通过网络等媒体，选修国外大学或短期大学的相关课程，有 30 个学分可以在高专获得认定。

（六）每周 5 天工作日的影响

从 1992 年开始，国立高专全部开始实施学校五天工作制。与此同时，"学校每周 5 天工作日"带来了教育层面的许多问题，为此特意设置了教育方法改善项目。于是，针对教师、学生、住宿学生、家长以及范围较广的对象都进行问卷调查，来研究与分析改革带来的利弊。

根据调查的结果，我们发现，并没有产生较大的混乱。但是，授课过于集中的问题并没有得到缓解。此后，国立高专协会特意提交了一份关于减少履修学分的报告书给文部省。

十三、高专的名称变更问题

（一）最初的专科大学方案

回顾高等专门学校创设的历史，审视"高等专门学校"这一名称的确定，其实主要还是源于"创办专科大学"的方案。迄今为止，关于高等专门学校的名称是否变更，这一问题一直存在争议。

早在1958年，也就是高等专门学校制度创设的三年前，国会提出方案，关于创设专科大学，方案中提出，专科大学的学制应该为2-3年，专科大学应该附带有3年的前期课程，也就是说，加上三年前期课程的专科大学，学制应该为5-6年。但是，遗憾的是，经过3年的时间，该方案的审议问题被长期搁置了。

1985年，国立高专协会会长向文部省提出了希望改革的报告书，主要内容包括，高等专门学校由于学制较长，性质不明确，与高等教育机构的性质不符合，希望修改为"专科大学""专门大学"。1986年4月，在临时教育审议会的第二次答申报告中，认为高等专门学校可以变更为"专科大学"（暂时名称）。但是，也出现了反对的声音，日本私立大学团体联合会觉得使用"大学"这一名称不太妥当。

（二）大学审议会的答申

后来，又经过了长时间的讨论，1991年大规模的法律修订与完善，大学审议会在《高等专门学校教育的改善》这一答申报告中，提出"专科大学"的名称较好地体现了高等教育机构的性质，是符合大学教育目的与教育性质的教育机构，目前没有其他更合适的名称。可以采用"专科大学"这一名称。

（三）中央教育审议会的答申

在2008年，中央教育审议会的文件中关于"充实高等专门学校教育"，提到了高等专门学校的名称。关于高等专门学校的名称，1991年的大学审议会答申文件中关于几个问题进行了讨论，并指出，今后将根据情况的变化对名称的问题进行继续研讨。

十四、独立行政法人化之应对

（一）国立高等教育机构法人化

1997年12月，在行政改革会议的《最终报告》中提出，未来很长一段时间将对国立大学法人化进行研讨。国立高专协会以会长的名义向文部大臣提交了建议书，希望让国立高专作为国立学校继续得以存续。

但是，由于国立大学法人化改革不断推进，2000年10月国立高专协会理事会专门就"高专今后的发展方向"等问题，尤其是国立高专的独立行政法人问题等开始进行研讨。在2001年9月初步形成了中间报告，明确了制度定位的问题，主要包括如下内容：第一，名称的变更；第二，研究职能的明确；第三，学年制；第四，学分的计算方法；第五，客座教授制度的引入；第六，外国教师的任用；第七，教师人事的问题；第八，教育业绩的评价。

（二）法人化改革的推进

文部科学省认为，与四年制大学相比，高等专门学校是规模比较小的一种高等教育机构，有组织地实施学校共通的课题，实施法人化以后，学校的权力将会得到扩大，未来将会更好地推进学校具有特色的教育活动的开展，提升学生服务的质量；实现高专的个性化、弹性化发展，推进教育研究的高度化。独立行政法人制度于2004年在日本国立高专引入并实施。

（三）国立高专机构的设立

2004年4月，日本全国的所有国立大学实施了国立大学法人化政策，与此同时，日本55所高专也开设了管理设置与运营的独立行政法人国立高等专门学校的机构，据相关数据统计，日本全国的国立高专总学生人数为5万余人，教职员工6000多人。这样一个大规模的高等教育机构将本部设在日本东京，担负着高专的现代使命，为了"培养具有创造性的实践技术人员",与分布在日本全国各地的学校一起开始伟大的事业。

第三节 日本高等专门学校的特点

日本高等专门学校（以下简称高专）作为连贯中等和高等教育阶段的一种职业教育机构,在制度上经历了创建、变革、调整和完善,并自成一体的发展过程,追踪日本高等专门学校的发展轨迹,分析它在发展过程中所形成的基本特征,对于我国尚处于不断探索之中的高等职业技术教育的发展,具有参考和借鉴作用。

高等专门学校具有如下一些特点。

第一,高等专门学校在高等教育体系中占有独特的地位。

高等专门学校制度的创设是日本经济高速增长期的产物。为满足日本经济高速发展和科技进步对技术人才的需要,根据1961年《学校教育法》的部分修订,新制高等专门学校于1962年作为一种新的高等教育机构,在日本各地被设置,新制高等专门学校,作为"六三三四"制的一种例外,招收完成义务教育、大约15岁的学生,实行五年一贯制（商业类专业五年半）的职业教育,其目标是培养主要面向制造业的"中坚技术者"。

据2006年的官方统计,日本共有高等专门学校64所,以国立学校为主（占总数的86%）,在校生约6万人。虽然这种学校在数量上属于高等教育机构的"少数派",但因其独特的办学特色,得到产业界的高度好评。高素质的毕业生作为"技术精英"活跃在各个产业领域。持续的高就业率是高等专门学校保持人气的特色。

第二,高等专门学校制度逐渐体系化。

日本高等专门学校制度的确立经过了一个体系化的过程。首先,高专的创立反映了日本经济高速增长期迫切培养中等技术人才的政府意图,后来作为一种学校教育制度逐渐体系化,主要还是来自产业界的用人需求和民众接受高学历教育的需要。

　　1972年，为了让高专毕业生能够在毕业之后进一步深造，日本国立大学的工学部开始接受高专毕业生，实行三年级编入的招生计划，培养具有实践性和创造性的技术领导人才；1976年创立丰桥和长冈技术科学大学，作为高专后的技术教育机构，主要接收高专毕业生作为编入生，直接进入三年级学习。1992年，高专内部开始设置专攻科，实行学制为2年、可授予学士学位的高专后技术教育。在64所高专中具有设立专攻科资格的有60所。

　　高等专门学校作为职业技术教育体系的一部分，除了接受初中毕业生，还可接受普通高中和工业高中的毕业生进入四—五年级学习，高专学生在完成五年教育后可获准学士学位。高专的毕业生除了可以进入高专学校内设置的专攻科学习，还可以作为编入生进入技术科学大学或普通大学本科三—四年级学习，经过大学学位授予机构的审查，可获得学士学位。专攻科毕业以后，学生可以选择直接就业，也可以选择进入研究生阶段，包括硕士课程二年和博士课程三年的学习，最终可获得博士学位。实际上，20世纪80年代高专毕业生进入技术科学大学以及普通四年制大学的比例逐年增加，并呈现出上升趋势。加上高专专攻科的设置，毕业生选择升学的比例已达20%以上。1998年的数据显示，专攻科毕业生进入研究生阶段的比例，日本全国来看，约为24%。

　　第三，高专的专业结构与办学功能也发生了一系列的变化。

　　在专业设置上，各个学校各具特色。传统的专业有工业类和商船类两大类专业，工业类有机械工程、电气工程、电子控制工程、信息工程、物质工程、建筑、环境城市工程等。另外，还设有经营信息、信息设计、交流信息、国际流通等新专业，原有的以制造业为主体的专业结构已经发生了变化。每个学校的专业从创立之初的2~3个，发展到现在的3~4个专业，在整体上呈现出多样化的趋势。为了整合高专的办学优势，最近还提出了新模式"超高专"的构想，以更好地贴近区域社会的需要，提高高专的教育教学质量。通过改革，原有的单一教育功能转向教育与研究并重，研究力量不断增强。

日本高等专门学校的创立、发展和变革，以及向技术科学大学、专攻科等大学本科教育层次的延伸，将技术教育贯穿到研究生层次的硕士和博士阶段的体系化，既形成了与普通高等教育体系良好衔接、相互融合，又形成了自成一体的完整而独立的职业技术教育体系。

第四，人才培养的独特性。

高等专门学校制度的独特性之一，便是人才培养目标的独特性。四年制大学培养学术性人才，高专的人才培养目标从创立之初就被确立为"为产业界和地区培养中坚技术者"，这一目标至今未改。培养与四年制大学毕业生可以媲美的技术人才，满足产业界对实践性技术人才的需要，一直是高专办学者引以为自豪的事。

1975年以来，为了适应技术进步和产业结构的变化，专业调整成为高专改革的重要课题。例如，电波工业高专，1976年将电波通信专业的一部分改造为电子工程和信息工程；商船高专1985年开始将一部分的专业改造为信息类专业。为顺应20世纪80年代中期以来高等教育高度化、个性化和活性化的教育改革潮流，20世纪90年代以来高专将专业范围的扩大作为改革的重要内容，从原有的主要限于工业类和商船类的专业结构，扩大到包括信息科学、生物技术、体育指导等领域。

第四章

日本高等专门学校的人才培养

高等专门学校是1962年新建的一种高等教育机构，它从初中毕业生中招生，学制五年。与四年制大学、短期大学相比，工业高等专门学校虽然其数量不多，但是作为经济高速增长时期出现的一种新型的高等教育机构，其产生的背景及所具有的特殊性值得深入考察。

2008年3月，日本全国高中毕业生共计108.8万人，其中有57.7万人考入大学，约占高中毕业生总人数的52.8%；其中约有23.4万人考入专修学校（包括专门课程和一般课程），此外，还有约6900人进入公共职业能力开发机构学习，升入高等教育机构的学生人数已经达到75%，约有50%的学生升入了四年制大学和短期大学。在高中毕业生中，工业高中的毕业生中约有16.5%的人升入大学（包括四年制大学和短期大学），工业高中的毕业生中约有17.2%的人升入专修学校的专门课程；商业高中的毕业生中约有22.5%的人升入大学（包括四年制大学和短期大学），商业高中的毕业生中约有22.6%的人升入了专修学校[1]。在大学的普及化时代，日本的职业教育也实现了"高中与大学"的完美衔接，在高中职业教育之后，高等职业教育也广泛开展起来了。

---

[1] 寺田盛纪．日本的职业教育——基于比较与发展的视角的职业教育学［M］．京都：晃洋书房，2009：124．

第一节　日本国立高等专门学校的人才培养与发展特点

第二次世界大战后，日本高等教育改革的内容之一就是将战前几种类型的高等教育机构合并、改组为大学与短期大学。短期大学学科的构成特点是"重文轻理"，文科类学生占绝大多数。因此，自20世纪50年代初期开始，产业界要求建立适应工业发展需要的高等教育机构的呼声不断，他们认为，经过战后改革后的单一化的高等教育模式无法满足工业发展的需要，他们希望建立类似于战前专门学校的、培养工业技术人才的院校。进入经济高速增长期以后，这一要求变得更加迫切。日本经营者团体联盟在一份建议书中这样写道，第二次世界大战前企业的技术人员中，初级技术人员由工业高中培养，中级技术人员由工业专门学校培养，高级技术人员由大学培养。第二次世界大战后，由于专门学校升格为大学，出现了中级技术人员培养的空白状态①。为了满足产业界的要求并适应经济发展对于理工科人才的需求，当时的文部省决定设立区别于四年制大学与短期大学的工业类高等专门学校。日本高等专门学校正是在这样的背景下诞生的学校类型。

一、日本国立高等专门学校人才培养的特殊性

从人力资本理论的角度看，教育是提高人口素质和质量的关键，因为人力资本投资所带来的经济增长效能是通过提高人口的素质和质量实现的，而人口的素质和质量的提高主要是通过教育活动来完成的；教育投资是一种能够使人的能力得以增长的生产性投资，即教育通过对人的培养这个中间环节去实现经济、社会方面的效益，从而推动经济和社会的发展。

---

① 野村平尔. 大学政策、大学问题——资料与解说. 劳动旬报社，1969：671.

正是在人力资本理论的影响之下，日本政府高度重视不同层次科技人才的培养，具体包括技术工人、中下级技术人员以及高水平技术与研发人员的培训与培养。

（一）工科人才培养：日本高专与四年制大学

纵观明治初期以来的工程技术人员培养模式的演变历程，我们可以看出，日本高级技术人才的培养起步最早，兴起于明治维新之初，并在此后获得了快速发展；与此相比，中级及初级技术人员的培养始终没有受到重视，特别是以培养初级工程技术人员为主的工业学校，起步及发展明显滞后，1907年以后，工业专门学校才成为工程教育规模扩张的主体①。发端于19世纪60年代的日本工程教育在明治时代逐渐形成了"工科大学——工业专门学校——工业学校"三层结构模式。其中工业学校侧重轻工业技术人才培养，主要服务本地产业发展；工业专门学校注重培养重化工业技术人才，为国家及大工业带产业发展需求服务；工科大学更重视工学教育，主要培养政府部门的技术官僚及国家战略性支柱行业的技术人才②。第二次世界大战结束后，美军占领下的教育改革使工业专门学校基本升格为大学，工程教育从战前的三层结构演变为双层结构：大学工科教育——工业高中教育；大学工科教育承担中高级工程技术人员的培养，工业高中培养熟练工人及生产一线的基层技术人员。在20世纪60年代的理工扩大政策影响下，工程教育内部产生了层级分化：工科硕士研究生教育、大学本科的工科教育、高等专门学校，分别对应工业企业对研发、管理及生产现场管理等不同种类工程技术人才的需求。

具体说来，与四年制大学、短期大学相比，高等专门学校具有如下一些特点。第一，在课程与教学方面，高等专门学校实行学年制，学生如果留级必须重修该年级的全部课程③。第二，在学校的组织方面，与大学不

---

① 汪辉. 日本近现代工程教育研究［M］. 杭州：浙江古籍出版社，2011：172.
② 汪辉. 日本近现代工程教育研究［M］. 杭州：浙江古籍出版社，2011：265.
③ 胡建华. 战后日本大学史［M］. 南京：南京大学出版社，2001：148-150.

同的是，高等专门学校不设置教授会。第三，在学校的性质方面，高等专门学校也是别具特色。与短期大学相反，高等专门学校中国立性质的居多、工业学校为主。以1962年为例，最初成立的19所学校中，国立12所（63.2%）、公立2所（10.5%）、私立5所（26.3%）。至1970年，高等专门学校已经拥有了60所，其中国立学校为49所，依然占据主体。

（二）隐藏的学校：发现日本高专的独特性

与四年制大学相比，日本高等专门学校特点比较突出。有学者认为，日本高等专门学校是一种特殊的学校，实际取得的成绩比较显著，但是在日本教育领域，高等专门学校的存在感不强。

1. 高专学生较早接受系统的工科专业教育

日本高等专门学校主要是以初中毕业生为招收对象，提供五年一贯制的技术教育。与高专不同，高中生从普通高中毕业以后进入四年制大学的工学部，大约是从大学二年级的后半年或者大学三年级开始接受工科专业教育，也就是说，在高中三年与大学四年的学习中，接受工科专业教育的时间约为两年或两年半左右。在高等专门学校中，学生自16岁开始接受为期五年的工学专业教育。所以，从这一角度来看，高专的学生要更早地开始接受工科专业教育，而且接受工科专业教育的时间也比较长。

2. 高专毕业生具有较高的就业率

长期以来，高专毕业生一直拥有较高的就业率。与四年制大学相比，2008年以来，高专的就业率一直保持在96%以上。即使是在就业的冰河期，即2002年和2003年，高专的就业率也能保持在90%左右；而同一时期，四年制大学毕业生的就业率已经降到了70%以下[①]。受到东日本大地震的影响，2010年至2012年，这三年间，四年制大学的就业率分别为75.6%、76.1%和77.1%，相对比较低；而高专的就业率基本上没有很大的波动，分别为95.5%、96.5%和96.6%。并且，高专的大多数毕业生依

---

① 矢野真和等. 高专教育的发现——从学历社会到学习历社会［M］. 东京：岩波书店，2018：7.

旧是在制造业的大企业中就职，从事技术工作。高专的毕业生在升学方面表现也很不错。近年来，在毕业生中约有40%的人编入国立大学工学部的三年级（一部分人编入二年级），还有一部分人考入高专的专攻科进一步深造。专攻科课程修完的学生通过考试和资料审查，可以被授予学士学位。近年来，有一部分学生修完了专攻科的课程，获得学士学位以后进一步考入研究生院攻读硕士和博士学位。

表4.1 日本高等专门学校与日本四年制大学比较一览表（2017年）

	高等专门学校	四年制大学（学部本科生）
学校的数量与设置者	57所 （国立51所，公立3所，私立3所）	780所 （私立大学占77.4%）
专业领域	大部分为工学	种类多样
学校规模	规模小	从小规模到大规模都有
分布	地方分散	集中于城市
学生人数	总人数：57601人（女生占18.5%） 入学人数10621人	总人数：2582884人 （女生占43.7%） 入学人数：629736人
学力分布	均质	比较分散

3. 高专学校规模较小且存在感不强

从上面的表格来看，无论从学校数量来看，还是从在校生人数来看，高等专门学校在日本教育体系中都属于存在感不强的学校。自1962年开始设置高专以来，从最初的19所学校，1974年达到顶峰的65所学校，此后到2008年降到61所学校，2009年由于有8所国立高专合并为4所学校，到2017年高专的数量降到了57所，其中包括51所国立高专、公立高专3所、私立高专3所。四年制大学，尤其是私立大学不断增加，截至2017年，四年制大学约有780所，其中约有77.4%的学校为私立大学。短期大学在不断减少，由于少子化的影响，一些私立短期大学因生源减少、经营不善等原因而倒闭，目前仅存 341 所，其中约有 95% 为私立短期大学①。与之相对，高等专门学校中大部分是国立性质的，学校数量也基本上保持不变。随着 2004 年国立大学法人化的实行，国立大学实现了一大学一法人，国立高等专门学校机构作为一个法人管理所有的国立高专。

4. 高专学生人数较少且学校分散在日本全国各地

高专与四年制大学相比，所处的地理位置也颇具特点。从四年制大学的分布情况来看，日本全国四年制大学中约有 17.6% 的学校，学生人数约占总人数的 26.6% 的学校，集中在东京。此外，集中于东京、大阪、爱知县、京都这几个地方的学校数量约占四年制大学总数的 35.5%，学生人数约占总人数的 46.8%。位于东京的四年制大学中有规模比较大的大学，学生人数已经超过了一万人。与四年制大学迥然不同，高专是属于发展规模比较小的学校，在学人数为 800~1000 人左右（每个年级约为 160~200 人），根据日本全国的统计数据显示，日本每个都道府县基本上都会分布 1~4 所高专。只有琦玉县、神奈川县、山梨县、滋贺县、佐贺县没有设置高专。设置于东京的高专包括东京工业高专（国立）、东京都立产业技术高专（公立）、领英（Salesio）工业高专（私立）这三所学校，学生总数合起来大约为 3600 人。北海道的高专学校数量与学生人数最多，其中，函馆、占小牧、钏路、旭川，这四所国立工业高专学生的总人数约为 3700 人。高专在学校设置方面与所在地区的人口无关，主要是为所在地区提供了宝贵的教育机会。高专作为人才供给基地，与所在地区的经济发展有着密切的关系。大部分高专都培养工业人才，毕业生就职于大型的制造业企业，岗位基本上都是技术人员。因此，如果该地区的制造业产业发展比较薄弱，就会导致高专培养的工业技术人才外流。

5. 以培养工科人才为中心且学校之间的同质性较高

高等专门学校作为初中毕业生的升学出路之一，是一个特殊的存在。

---

① 矢野真和等.高专教育的发现——从学历社会到学习历社会[M].东京：岩波书店，2018：9.

2017年3月，初中毕业生的总人数大约是116万人，高等专门学校的入学人数大约为1万人，高专的升学率约为0.86%。2017年4月升入四年制大学的本科生约为63万人，短期大学的入学人数有所减少，大约为56432人。其中入学人数最多的是日本大学，共计招收17326人①。由此可见，高等专门学校的规模的确较小，招生人数也相对较少。估计高等专门学校的入学人数较少的第一个原因，是和专业领域限定有关。由于高专主要是工业培养技术人员，所以最初设置专业主要是根据学校教育法来进行设定的。后来，在1967年设置了商船学科，1991年废除了学科专业的限制，现在高专中在读的学生中包括商船专业约200人，商业专业约120人。但是，从整体来看，高专中在读的学生大部分是工科专业的学生。高专学生人数比较少的第二个原因，主要是高等专门学校这一学校类型大部分是国立性质的，私立性质的高专数量较少。而近年来承担着高等教育普及化角色的是私立学校，也就是说日本高等教育的普及化主要是由私立学校来实现的，它们是日本高等教育扩大的原动力。纵观日本全国的状况，日本的大学生总人数中约有70%以上就读于私立大学，在国立大学中就读的学生只有学生总人数的20%左右。从高专的学生情况来看，约有90%的高专学生就读于国立高专，就读于私立高专的学生只有2227人，不足学生总人数的4%②。

二、日本国立高等专门学校的课程设置

高等专门学校招收初中毕业生，并且实行五年一贯制，集中等教育与高等教育于一体，是应社会发展与经济发展需要应运而生的一种具有鲜明特色的高等教育类型。高等专门学校的课程设置方面颇具特色。专业课程

---

① 矢野真和等.高专教育的发现——从学历社会到学习历社会［M］.东京：岩波书店，2018：10.
② 矢野真和等.高专教育的发现——从学历社会到学习历社会［M］.东京：岩波书店，2018：11.

从一年级就开始设置，一年级的时候专业课程比较少，随着升入高年级，专业课程的学分数也会逐渐增加。一般课程与专业课程在课程的编排过程中较好地实现了有机结合。

从高等专门学校的发展中，我们不难看出，日本政府为了让高等教育适应经济的发展采取的措施与所下的功夫。为了推动和保障理工学科的发展，1961年8月30日，当时的文部省制定了《高等专门学校设置基准》，高专设置基准第三条明文规定了学科设置。规定学科包括机械工业学科、电气工业学科、工业化学学科、土木工学科、建筑学科、金属学科、航海学科、船舶机械学科及工业和商船学科等。

表4.2　1960~1970年日本大学数量统计一览表　　　　单位：所

年度 类型	1960	1961	1962	1963	1964	1965	1966	1967	1968	1969	1970
大学	245	250	260	270	291	317	346	369	377	379	382
短大	280	290	305	321	339	369	413	451	468	473	479
高专			19	34	46	54	54	54	60	60	60
合计	525	540	584	625	676	740	813	874	905	912	921

注："高专"是指高等专门学校；"短大"是指短期大学。

资料来源：全国教育调查研究协会编．《战后30年学校教育统计总览》．行政株式会社．1980年7月．第6-7页．

刚刚建立时，全国的工业高等专门学校只有19所，1973年增加到了63所，增长了2.32倍，学生数也从原来的3375人增至48288人，增长了13.3倍。如表4.2所示，与四年制大学、短期大学相比，高等专门学校数量虽然不多，但是发展始终保持稳定的状态。另根据《文部统计要览》的数字显示，1965~1973年的毕业生总数为40438人，其就业率总是在

93.3%以上，八年间就业于工业部门的中级技术人员有3.8万多人①。

高等专门学校是日本高等教育为了适应经济发展的需要而新设的以学生就业为目标，培养具有行业专门知识和技能人才的学校，在日本经济高速增长时期，高等专门学校为企业培养了大批紧缺的技术人才，为日本经济高速增长的实现创造了必要的条件。

日本高等专门学校自从创立以来，繁重而安排紧凑的课程安排一直被社会所关注。例如长期存在的问题是一般课程与专业课程的设置比例不是很均衡，具体而言，英语课和数学课等一般的课程相对较少，而专业课程的设置又相对较多，导致了学生们专业课程的"消化不良"。1991年根据设置基准的修订，高等专门学校可以授予"准学士"学位，并且在工科、商科之外可以设置文科类的学科，各学校可以增设"专攻科"，高等专门学校的课程设置更加灵活和弹性化。根据设置基准的修订，学分总数削减了10个学分②，将毕业要求也进行了相应的调整，从而让高等专门学校的课程设置更加弹性化。

从数量上来看，高等专门学校的专业课程数量，与工业高中、大学工学部专业课数量大致相当，根据修订后的设置基准，高等专门学校的毕业要求是167个学分（1学分为30个课时），修订以前是177个学分。在167个学分中，要求一般科目是75个学分以上，要求专业科目是82个学分以上。从某工业高专机械科毕业要求的情况来看，一般科目的学分数是83个学分，专业科目是89个学分。1999年某国立大学的工学部的专业科目的最低要求是75~80个学分，2008年根据规定这一要求改为84~87个学分。从高等专门学校的专业课程的数量来看，与大学工学部四年级的学生大致相当，但是由于高等专门学校的学制只有5年，在较短的时间内学习数量

---

① 陈武元.日本经济高速发展时期高等教育的主动适应[J].高等教育研究，1992(2)：17.
② 寺田盛纪.日本的职业教育——基于比较与发展的视角的职业教育学[M].京都：晃洋书房，2009：125.

可观的课程，学习课程比较繁重。而高等专门学校在课程编制的过程中不得不对一般课程进行压缩。

高等专门学校主要培养的是工业领域具有实践性、生产性的技术人员，一直以来高专的毕业生在产业界的声誉很高。以某工业高专为例，机械科的毕业生主要就职的公司或单位具体如下（2003~2008年），主要包括：东海理化、三菱重工名古屋航空宇宙系统公司、三菱重工名古屋诱导推进系统公司、本田技研工业、丰田汽车公司、协丰制作所、JR东海、JR西日本、JR货物、丰田合成、中部电力、富士重工业、日立制作所等。我们可以看出，毕业生就职的单位多数为比较稳定的大企业。

三、丰田工业高等专门学校的特点分析

与四年制大学不同，位于爱知县丰田市的丰田工业高等专门学校（简称丰田高专）成立于1963年，是国立高等专门学校之一。丰田高专的成立是日本经济高速增长时期的产物。丰田工业高等专门学校在爱知县内是屈指可数的难关校，即学生入学考试竞争十分激烈，在全国的高等专门学校中，她与沼津、明石等并列成为日本国内顶级难关校。丰田高专的培养目标为，适应社会发展需求与变化，培养对"制物工作"有着深入的认识，怀有问题意识与思考能力，兼备创造力与实践能力的技术人员。由此可见，与研究型大学相比，丰田高专注重的是培养具有出色能力的技术人员。

丰田高专各专业班级的招生人数规定为40人左右，开设课程的内容包括基础课程与专业课程。在完成了学制五年的教育以后，成绩合格的毕业生可以授予"准学士"的称号。丰田工业高等专门学校学制五年，并且，在其规定的学制之上设有两年的专业科。专业科包括电子机械工学专业、建筑工学专业、情报科学专业等。在完成为期两年的专业科课程的学习以后，通过了学位授予机构的相关考试将会授予"学士"的学位。

丰田工业高等专门学校一直拥有值得夸耀的就业率，每到就职的季节，各用人单位，尤其是各知名企业总会纷至沓来。尤其是在爱知县经济持续繁荣的影响下，该校始终保持着较高的就业率。另外，根据相应的规定，该校的毕业生在毕业后可以申请编入四年制大学的三年级，而且，据统计，约有一半的学生会选择在毕业后升入本校的专业科或者编入国立四年制大学的工学部就读。作为研究型大学，名古屋大学的毕业生就业范围较广，其中包括丰田汽车、三菱重工业、富士通、东芝、日立等大企业，具体情况如下表。但是，从表中我们也可以看出，在东海地区就业甚至在名古屋市就业的毕业生人数依然不少。

表 4.3　2007 年名古屋大学毕业生（本科、硕士）就职企业一览略表

单位：人

企业名称	本科毕业生	硕士毕业生	总人数
丰田汽车	13	55	68
名古屋市职员	35	10	45
名古屋大学医学部附属医院	28	4	32
丰田自动织机	10	19	29
爱知县教师	12	13	25
中部电力	6	16	25
三菱东京 UFJ 银行	22	2	24
三菱重工业	3	20	23
日立制作所	5	16	21
三菱电机	3	16	19
富士通	6	12	18
东芝	5	12	17
NTT 西日本	11	5	16

资料来源：名古屋大学网站 [EB/OL] http：//www.nagoya-u.ac.jp/2009-03-20

第二节 日本公立高等专门学校的人才培养与发展特点

一、东京都立工业高专

东京都立工业高专（以下简称都立高专）在 2010 年 3 月送走了第 46 届毕业生，改名为东京都立产业技术高专。截止到 2010 年 3 月，学校共培养毕业生 7403 人。都立高专的前身是于 1935 年设立的东京府立电机工业高中（简称府立电工），1940 年又创立了接收府立电工毕业生的府立高等工业高中，构建了八年一贯制的工业技术教育体制。第二次世界大战以后，由"府立"改为"都立"，伴随着学制改革，都立大学附属工业高中与都立工科短期大学五年一贯制的发展模式出现了，这是一种新的模式。1962 年 4 月，担负着从初中开始的工业技术教育一直到高等教育阶段，这样的一贯制教育模式得以诞生，这就是都立高专。创立之初，根据对一、二年级的学生进行志愿认定，将学生编入第二学年、第三学年，1965 年 3 月，在国立高专的帮助下，为社会输送了第一批毕业生。

学校创始初期，机械工学科有 3 个班级，电气工学科有 1 个班级，自 1973 年开始，电气工学科增设为 2 个班级。随着科技创新与技术革命，信息化不断推进，1996 年 4 月开始，学校的发展规模不断扩大，机械工学科有 3 个班级，生产体系工学科有 1 个班级，电子情报工学科有 1 个班级，电气工学科有 2 个班级，共有 4 个学科。学校的校舍也开始进行全面改建，新校舍本着"调和""宽容"以及"智慧"的基本方针，于 1999 年 11 月完工。

学校学生的就业情况一直很好，即使是在就业冰河期，企业招聘人员，该校就业率也在 10 倍以上，许多学生在毕业之前就已经被提前内定了，所以毫不夸张地说，该校的就业率一直值得骄傲。在该校的毕业生中涌现出了很多出色的技术人员。此外，每年大约有 40 名学生会升入长冈、丰桥两所技术大学进一步深造。

在课外活动方面，学校的运动会部和文化社团积极开展活动，在日本高专全国大会和高专机器人大赛都取得了出色的成绩。

二、东京都立航空高专

东京都立航空高专是以都立航空工业高中为基础，在 1962 年 4 月 1 日作为唯一的航空类的高专开始发展，该校机械系工学科主要有 5 个班级，航空机体工学科 1 个班级，航空原动机工学科 1 个班级，机械工学科 3 个班级。当时，该地区还有都立航空工业短期大学，东京都立航空高专的首任校长德丸芳男还兼任这个短期大学的校长。校歌、校徽都是从东京府立航空工业学校继承下来的，其中校歌进行了大幅度的修改，1963 年最终确定了新的校歌。由于工学科全部都是机械系，所以一年级和二年级临时组成了混合班级。此外，从前身校继承下来的管理活动，例如临海训练，在 1972 年开始实施。

因为校园面积太小，所以从 1964 年开始，对木质校舍进行改造，所以校舍临时搬到了都立航空工业短期大学（合并后的都立工科短期大学，即现在的首都大学东京日野校区）。

1989 年，随着时代的进步与需求，学校废止了航空原动机工学科，将原有的航空机体工学科改为航空工学科（实际上是合并成了一个班级），机械工学科减少了一个班级，新设了电子工学科。此外，女学生的招生不断增加。

值得一提的是，在学生活动方面，该校很有特色。学生们在毕业设计和课外活动中自主制作的自制飞机在 1977 年 4 月 3 日进行了第一次试飞，该项目还在日本广播协会 NHK 教育电视台的节目中进行了报道。此外，积极参加机器人大赛，该校的航空机体工学科的四年级学生小组在 1989 年第一次参赛，后来，在 1995 年日本全国第 8 次机器人大赛中取得了第一名的好成绩；在 2003 年的日本全国第 16 次机器人大赛中取得了机器人大赛大奖。此后，多次参加机器人大赛，并取得好成绩。

该校自 1993 年开始围绕卫星设计的创意部分进行比赛，2004 年开始着手研究超小型人工卫星 KKS-1 的研究与开发，并于 2009 年 1 月 23 日成功发射升空，将其命名为"辉汐"。

三、东京都立产业技术高专

2006 年 4 月 1 日，为了能够振兴首都东京的经济，并为课题研究更好地贡献力量，都立工业高专和都立航空高专进行了合并，成立了都立产业技术高专，制造业工学科（制物工学科）有 8 门课程，两个高专有两个校区，即品川校区和荒川校区，分别开设四个课程。品川校区：机械体系、生产体系、电气电子、电子情报；荒川校区：情报通信、机器人、航空宇宙、医疗福祉。第一学年不分专业，学生们在两个校区进行统一课程的授课；第二学年开始，才开始进行专业的学习和培养。后来，学校开设了专攻科，设置了创造工学专业，同时也开设了将来升入产业技术大学的接续课程。

2008 年，该校从东京都立转为公立大学法人首都东京接管，从 2009 年开始参加学力入学考试，开始招收东京之外的学生。自 2011 年，学校开展国际化交流与合作，例如和新加坡等国的学校开展交流、合作。

四、大阪府立高专

1962 年，大阪府立工业高专预计开设机械工学科 2 个班级，电气工学科 1 个班级，由文部省认可，于 1963 年顺利开学。1963 年，又增加了工业化学科 1 个班级和土木工学科 1 个班级，预计招生 200 人。1990 年又发生了一些变化，在机械工学科，有一个班级改为系统制御工学科，1991 年电气工学科改为电子情报工学科，土木工学科改为建筑工学科，学科的名称发生了一些变化。

2005年由于高专担负着"培养具有创造力的实践工作者"和"为地区和产业发展做出贡献"这两个使命，学校将5个学科改为一个学科（综合工学系统学科）五个课程（机械系统课程、系统设计课程、电子情报课程、物质化学课程、环境都市系统课程等），此外，还设置了四个领域的专攻科（机械工学、电气电子工学、应用化学、土木工学），专攻科的专业是综合工学系统专业。

2011年，公立大学法人大阪府立大学发生了一些变化，四门课程进行了改革，分别是机械系统课程、电子情报课程、环境物质化学课程、都市环境系统课程等。

作为准学士课程的特色，在一个学科的五门课程中，学生们需要学习情报技术、机械以及电气电子工学领域的基础学科，即比较广泛的工学制造技术，然后根据所选课程的不同再进行工学专业领域的专业知识与技能的深入学习。主要是希望学生将所学习的工学知识与专业技术有机结合在一起，对不同的专业技术进行融合、复合、系统化，最终培养具有专业知识与技能的实践性的技术人员，具有行动力的职业人。

作为专攻科的教育特色，专攻科设置了4门课程。在专攻科的学习，除了课程内容具有较高水平之外，学校还与当地的企业开展了OJT项目（on-the-job training，实地训练项目），进行配合理论学习的实地训练，设计了理论与实践相结合的课程，以更好地培养实践性人才。

第三节　日本私立高等专门学校的人才培养与发展特点

一、私立高专发展的历史

高等专门学校制度制订以来，私立高专有8所学校设立并开始招生，其中有5所高专已经升格为大学或转为国立高专，具体包括：圣桥高专

(现在的琦玉工业大学)、大阪高专（现在的摄南大学）、高知高专（现在的国立高知高专）、几德高专（现在的神奈川工科大学）、桐荫学园高专（现在的桐荫学园横滨大学）。

总的来看，多数的高专进行升格或者转为国立，主要原因是学校运营困难。高专的经营管理，除了实习、实验设备、宿舍的设备等之外，还有开展专业教育所需要的人员经费等很多其他方面的经费支出。而私立高专的主要经费来源是学生的学费和政府的补助金，与私立高中、私立大学相比，这两项经费都相对较低。因此出于未来发展的考虑，例如想要拥有与私立大学一样的设备与师资，私立高专多数会转为私立大学。这是一个不错的对策。

二、私立高专的现状

私立高专主要有三所特色学校。

金泽高专。金泽高专于 1962 年创立，1965 年金泽工业大学在石川县野市町创立，于是金泽高专在金泽工业大学的隔壁新建了校舍、图书馆、各种设施、支援机构等，这些设施，都由高专与大学共同使用，学校的经营开展得比较有效率。

近畿大学高专（原来的熊野高专）。1962 年，近畿大学高专创立，这个学校是由学校法人近畿大学在三重县熊野市设立的，主要依靠法人投入的资金进行运营，后来由于当地的学生减少，面临倒闭的危机。受三重县名张市的邀请，2011 年将校舍搬到了旧皇学馆大学福祉学部。由于土地、设施、设备以及器械备品等都是无偿使用，再加上来自国家、县以及市层面的帮助与支持，学校实现了重生。

领英高专，旧育英高专，创立于 1963 年，地点在东京都杉并区。2005 年搬到了东京都町田市的新校区，由学校法人育英学校负责经营，同时还附设有幼儿园和中小学。

三、私立高专的未来

为了能够让私立高专运营下去，不仅需要学校自己的不断努力，更需要全社会的大力支持。例如整个地区能够提供图书馆、运动场或体育馆、宿舍楼等设施，场地可以共享，让具有专业知识和专门技能的人才能够相互交流，不仅可以实现经费的缩减，还可以促进相互的发展。此外，还希望地区行政部门能够尽可能为私立高专的学生提供奖学金或者经费方面的援助。让私立高专为地区的经济发展贡献力量。

第四节 日本工程教育专业认证的现状与特点

工程科学技术在人类文明的进程中一直起着巨大的推动作用，作为工程科技人员培养的主渠道，高等工程教育担负着为国家培养工程技术高级专门人才的重要任务，为工程科学技术的发展不断提供着新鲜的动力。21世纪以来，高科技产业的迅速发展，生产方式的迅猛改变，以及经济全球化进程的不断加快，发达国家无不把培养第一流的工程技术人才放在重要的地位，这同时也深刻地改变了传统的高等工程教育，使其国际化趋势逐渐凸显。

工程教育专业认证作为工程师认证制度的基础，已被美、英、德等多个发达国家采用并贯彻实施，例如美国早在1932年便成立了美国工程技术认证委员会（The Accreditation Board for Engineering and Technology, ABET），主要从事独立的第三方工程教育认证和工程师注册工作，由31个工程专业技术协会组成，旨在代表广大的工程专业技术协会开展工程教育专业认证，推动工程、技术及应用科学教育的改革与创新，同时分专业开展工程师注册，以便确认工程师进入各工程领域从事实践活动的资格；在英国，高等教育质量保证机构（QAA）将专业认证和工程师资质鉴定统一委托给 ECUK（Engineering Council of United Kingdom）负责，ECUK 是经皇家特许的权力机构，在国内负责对各工程专业进行管理，在国外代表英国工程师的利益，它的重要使命就是为工程师、工艺师和技术员制订专业能力和职业道德的国际性标准，并授权工程师学会确保和提高这一标准[①]。

随着工程教育专业认证纷纷在各工业强国落地生根，工程教育专业认证的国际互认也早已成为注册工程师资格国际互认的前提。迄今为止，世界范围内有六项关于工程教育学历或从业资格互认的国际性协议，其中有三项是关于高等工程教育学位（学历）互认的协议，具体包括《华盛顿协议》《悉尼协议》和《都柏林协议》。其中，签署时间最早、缔约方最多的是《华盛顿协议》（Washington Accord），它是世界范围内知名度最高的工程教育国际认证协议。该协议是由美国、加拿大、英国、爱尔兰、澳大利亚和新西兰等六个国家的民间工程专业团体代表所在国家和区域，于1989 年签订的国际性协议。该协议承认缔约方所认证的工程专业（主要针对四年制工科本科专业）具有实质等效性，认为经任何缔约方认证的工程专业的毕业生均达到了从事工程师职业的教育要求和基本素质标准。截至2012 年，在《华盛顿协议》的二十个缔约方（包括正式成员和临时成员）中，日本于 2005 年加入该协议，并成为成员中第一个非英语的国家或地区，从而让《华盛顿协议》更好地体现了国际化。与美、德两国不同，身为制造业强国的日本，它的高等工程教育专业认证工作开始的较晚。日本高等工程教育专业认证工作开始于 20 世纪末期，日本工程教育认证委员会（JABEE，Japan Accreditation Board for Engineering Education）成立于 1999年 11 月 19 日，它是一个非政府组织，现任会长为木村孟，它与工程协会（技术类协会）紧密合作，进行工程教育项目的审查与认定。日本工程教育认证委员会，日文为"日本技术者認定機構"，即我们所说的高等工程教育认证机构。该机构自 2001 年开始开展本科层次的工程教育的专业认

---

① 张晓琴. 美、英、德工程教育认证的比较与借鉴［J］. 高教发展与评估，2007（1）：84.

证，2007年开始进行硕士层次的工程教育专业认证。2004年底，日本接受并通过该机构认证的专业涉及97所学校的186个专业及其毕业生18,000人，2001年至2009年，日本接受并通过该机构认证的专业涉及163所学校的424个专业，其培养的毕业生逾12万人①。JABEE认证已经成为日本工程教育进行质量管理的主要评估手段。

一、日本工程教育专业认证基准的变化及特点

为了顺利进行高等工程教育改革，世界各国根据本国工程教育发展的状况，借鉴他国工程教育发展的经验，参照国际高等工程教育发展的趋势，不仅颁布了一些相关的法律与规范，而且制定了相关的认证标准。

日本学者大中逸雄认为，所谓工程教育，主要是指运用数理科学、工程技术科学、信息科学等相关知识和手段，预见对社会和自然的影响，对人类的生存、福利、安全的必备体系进行研究、开发、制造、运用、保全的专业高等教育。它不仅包括工科教育，还包括理学教育、农学教育等，是一个广泛的概念②。所谓日本工程（技术者）教育认证制度，是指大学等高等教育机构所开设的工程教育课程，其培养的人才是否符合社会的要求须由外部机构对其进行公正的评价，对于达到一定水平的教育课程予以专业认定（Professional Accreditation）的制度。

2010年，JABEE出台的认证标准主要包括本科层次、研究生层次这两个工程教育认证标准。本科层次的工程教育认证标准主要包括"建立和公开学习与教育目标""课程的定量要求""教育手段""教育环境与学生支援""学习与教育目标的达成""教育改善"六个方面的标准。与本科层次的相比，研究生层次的认证标准仅缺少了"课程的定量要求"这个方

---

① 2009年度认证项目的情况［EB/OL］.（2010-05-19）［2010-06-30］. http：//www.jabee.org/OpenHomePage/q&a0204-0509.htm.
② 日本技术者教育認定制度の現状と展望［EB/OL］.［2010-03-30］. http：//www.jabee.org/OpenHomePage/q&a0204-0509.htm.

面，主要包括五个方面的标准。在学分方面，本科层次要求至少达到124个学分，而研究生层次仅为62个学分即可。在内容方面，研究生层次的新版认证基准与旧版（2007年的版本）相比并没有变化；而本科层次的新版认证基准与旧版相比发生了一些改变：例如在学生课程的面授学时方面由1800学时减为1600学时，在课程方面还突出强调了"促进学生的主体性学习，保证学生充足的自我学习时间"；在学生的学籍转入等问题方面，做出了较为具体的规定，"关于转校生或插班生的学籍转入，接收专业必须具有具体可行的接收程序与办法，与该专业相关的师生应了解这些程序，转校生或插班生学籍转入的过程必须严格遵守这些程序"，等等。总体来看，与旧版的标准相比，新版的本科层次的认证标准更为完善，从学生的角度考虑进行了部分调整与修改，更为人性化。

二、日本工程教育专业认证项目的分析及特点

2009年度JABEE本科层次的认证工作涉及了16个相关技术领域、81个专业学会。2009年度本科课程的认证结果表明，122个课程（其中新课程为15个）通过了认证。自2001年至今，已有163所学校的424个课程通过了认证，毕业生已累计达到了12万人。在通过认定的课程中，包括国立大学及公立大学230个课程，私立大学122个课程，高等专门学校71个课程，大学校1个课程[①]。其专业领域涉及机械、土木、工学、化学、电气电子信息通信、建筑、农业工学等众多领域。

下面，我们以2007—2009年的本科层次工程教育专业认证的课程为例，分析其所呈现出来的特点。从表4.4中我们可以看到，与2007年相比，2008年的认证课程无论是从领域还是从项目的数量上来看，都处于迅速增加的态势。而2009年，除了"电气、电子、信息通信及其相关领域"的认证课程的数量为5个之外，其他领域通过认证的课程数量均有所下降。

---

① 日本技術者教育認定機構［EB/OL］.［2010-03-20］. http://www.jabee.org/OpenHomePage/jabee3.htm.

与2007年相比，2008年新增的认证领域包括森林及森林相关领域、农学一般相关领域、经营工学相关领域、农业工学相关领域、材料及材料相关领域这几个领域。而"农学一般相关领域"仅2008年认证的课程数量就达到了5个。除此之外，建筑学、土木这两个领域2008年的认证课程的数量也达到了8个。从表4.4中，我们也可以看到，自2001年开展本科层次的专业认证以来，认证的领域迅速增加，所涉及的领域广泛，包括化学及化学相关领域、机械及机械相关领域、建筑学及建筑学相关领域等十几个领域，而认证课程所涉及的学校包括名古屋工业大学、大阪工业大学、三重大学、名城大学等多所大学①。

从表4.5中我们可以看到，与本科层次相比，目前，日本研究生层次的工程教育专业认证开展得还不是很充分。自2007年JABEE开展硕士层次的专业认证以来，所涉及的专业还仅仅停留在建筑学、物质化学、物质工学等几个专业，所涉及的大学也仅仅包括静冈大学、龙谷大学、千叶大学、早稻田大学等。

表4.4 2007—2009年日本工程教育专业认证课程一览表

（单位：个）

领域＼年度	2007	2008	2009
环境工学及其相关领域			2
生物工学及生物工学相关领域	1		
森林及森林相关领域		1	
农学一般相关领域		5	
经营工学相关领域		1	
物理、应用物理学相关领域	1	1	

---

① 2009年度认证项目一览表［EB/OL］.2009program_ list［2010-03-20］，http：//www.jabee.org/OpenHomePage/jabee3.htm.

续表

年度 领域	2007	2008	2009
建筑学及建筑学相关领域	3	8	1
工学相关领域	2		
农业工学相关领域		1	
土木及土木相关领域	3	8	2
信息及信息相关领域	1	4	2
电气、电子、信息通信及其相关领域	1	5	5
材料及材料相关领域		2	1
机械及机械相关领域	3	4	2
化学及化学相关领域	4	4	

注：斜体部分是2008年新增的认证领域，黑体字部分是2009年新增的认证领域。
资料来源：日本技术者教育認定機構［EB/OL］. http：//www.jabee.org/OpenHomePage/jabee3. htm 2010-03-20

表4.5　JABEE认证审查硕士课程认证一览表

年度	领域	认证的教育机构	研究科	课程名称
2007		静冈大学 大学院	工学研究科	物质工学专业 化学系统工学课程
2007		龙谷大学 大学院	理工学研究科	物质化学课程
2008	建筑学及建筑学 相关领域	千叶大学 大学院	工学研究科 建筑与都市 科学专业 建筑学课程	建筑设计、规划课程
2008	建筑学及建筑学 相关领域	早稻田大学 大学院	创造理工学研究 科建筑学专业	建筑艺术课程

资料来源：日本技术者教育認定機構［EB/OL］http：//www.jabee.org/OpenHomePage/jabee3. htm 2010-03-20

三、日本高等工程教育专业认证的特点分析

从日本工程教育专业认证标准的变化、近几年来认证项目的特点等相关资料中，我们可以看到，成立于1999年的日本工程教育认证委员会，自2001年开展本科层次的认证、2007年开展研究生层次的专业认证，取得了比较显著的成果，目前已涉及163所学校、424个专业，其毕业生已经超过12万人。总体来看，日本的高等工程教育专业认证呈现出如下特点。

（一）本科层次的认证开展的较充分，研究生层次有待加强

从查阅相关资料，我们可以看到，本科层次的专业认证无论从总体认证标准的出台、认证标准的内容，还是具体学科可操作性的标准，与研究生层次相比，都要相对具体与完善。例如，研究生层次的认证工作目前仅出台了总体的认证标准，落实到学科层面的具有操作性的标准，就目前来讲，仅有建筑学及建筑学相关领域。具体学科的认证标准欠缺，这对于开展较为充实、完善的研究生工程教育专业的认证工作，是存在一定难度的。

（二）参加的学校数量不少，著名大学参与少

正如国内学者所指出的那样，由于东京大学、京都大学等知名大学存在着教师缺乏危机意识，自认为他们的教育质量优异而不屑于参加认证[①]，并且像东京大学等知名学府即使不参加认证，也能保证优秀的生源并且毕业生就业压力不大。正是这种种原因，使得虽然参加认证的学校数量已经达到了163所，但其中著名院校寥寥无几，仅有东北大学、名古屋大学、早稻田大学等几所大学的部分专业，而其余大部分为工业类高等院校。

（三）认证标准的内容简单明了，专业的名称与国际接轨尚待时日

虽然研究生层次的具体认证标准还不是十分齐备，目前来讲，只有建筑学的具体标准已经出台，但是，从总体标准来看，无论是本科层次还是

---

① 袁本涛．王孙禺．日本高等工程教育认证概况及其对我国的启示［J］．高等工程教育研究，2006（3）：64.

研究生层次，相关的认证标准内容简单明了，可操作性强。尤其是本科层次的认证标准，无论是总体标准还是各学科的具体标准，从学分数量要求、课时数量的要求、学生的学籍转入等各方面均有具体的规定，从而使认证工作落实到实践层面有章可循，切实地保证了认证工作的顺利开展。但是，正如国内学者指出的那样，由于日本的大学中许多工程专业的名称经常冠以"科学"字样，这与国际惯例不相一致，故而也给认证工作带来了一定的不便①。日本的大学是个比较封闭的体系，正如日本学者米泽彰纯所说，日本的高等教育改革整体处于全球学术改革的十字路口。日本从空间距离上远离北美与欧洲，由于地理位置的限制，日本的学术始终处于世界学术发展的边缘。从某种角度来说，学科、专业的名称也反映出了一定的问题。而与此相对，加入华盛顿协议的大部分国家，对于名称中没有出现"工程"字样的专业是不被纳入认证范畴的。

虽然，与美、英、德等国家相比，日本的高等工程教育专业认证工作开展的还不是十分完善，但是，与我国相比，日本已经先于我国迈出了一大步。自1999年以来，日本的高等工程教育专业认证工作已经取得了较大的成果，积累了比较丰富的经验，对我国开展工程教育的认证工作具有较大的参考与借鉴价值。

四、对我国的启示

工学是我国高等教育中最大的学科门类，根据教育部公布的《普通高等学校本科专业目录（2012）》，我国目前在普通高校开设了31类工程类本科专业，共计169个工科专业，占所有学科专业总数的33.4%。2011年，我国普通本、专科工科招生人数约为263万人，在校人数约为869万人，毕业生人数为237万人，毕业生人数约占毕业生总人数的40%。建立具有国际实质等效性的中国高等工程教育认证制度已经愈来愈成为教育

---

① 袁本涛．王孙禺．日本高等工程教育认证概况及其对我国的启示［J］．高等工程教育研究，2006（3）：64．

界、工程界的广泛共识。

从 1994 年起，我国首次在土木工程专业进行与国际规则接轨的认证工作，二十多年来，认证工作取得了长足发展。2006 年，由教育部和中国科协牵头，带领 18 个部门参与，相继在清华大学等 8 所高校的机械工程与自动化等 4 个专业进行了工程专业认证的试点工作。同时，教育部聘请了工程教育界和企业界专家，组成了全国工程教育专业认证专家委员会和若干专业的认证分委员会，还在教育部下设全国工程教育专业认证监督与仲裁委员会。[①] 2007 年初步建立起工程教育认证的组织体系，正式出台了《全国工程教育专业认证标准（试行）》等系列文件，并且完成了在 26 所高校近 80 个专业领域的认证试点工作。[②] 我国教育部所实施的"卓越工程师培养计划"，也是促进高等工程教育质量全面提升的重要举措。"卓越计划"旨在通过教育和行业、高校和企业的密切合作，以实际工程为背景，以工程技术为主线，着力提高学生的工程意识、工程素质和工程实践能力，培养造就一大批创新能力强、适应企业发展需要的多种类型优秀的工程师，形成具有中国特色的高等工程教育新模式。

此外，我国也正在积极申请加入相关国际互认协议，这是提高我国高等工程教育人才培养质量的重要保证。目前，全国工程教育专业认证专家委员会也已着手与华盛顿协议组织建立了一定的联系。显然，从 2006 年以来，我国的工程专业认证工作取得了长足的进展，已经稳步走上与国际惯例接轨的快车道。[③]

但是，我们应该清醒地认识到，与日本短短几年时间内建立起完备的工程教育专业认证体系并迅速成为《华盛顿协议》成员国相比，我国从 20

[①] 毕家驹. 中国工程专业认证进入稳步发展阶段 [J]. 高教发展与评估，2009，25 (1)：4.

[②] 朱永东，叶玉嘉. 美国工程教育专业认证标准研究 [J]. 现代大学教育，2009 (3)：49.

[③] 毕家驹. 中国工程专业认证进入稳步发展阶段 [J]. 高教发展与评估，2009，25 (1)：4.

世纪 80 年代就开始介绍并倡导工程教育认证，但到目前为止，我国工程教育专业认证体系从认证标准与程序的国际化程度、与国际相关认证机构的互认，以及与注册工程师制度的协调构建来看，都不太理想。我国的工程教育专业认证工作仍任重道远。为此，本书提出下列建议与期望。

（一）加深对工程教育专业认证的认识

长期以来，我国没有工程专业认证，也没有工程师注册制度，对专业认证中存在的一些问题仍然认识不够，甚至存在较大的争议。"我国的工程学会一直只是学习型的学会（1earning society），而且只有分学科的工程学会，一直没有一个总的工程组织。工程界和工程教育界对国际上通行多年的工程专业认证制度和工程师注册制度以及相关的国际互认问题，直到近年来才开始重视起来。"① 有学者甚至认为，"对于工程师注册制度来说，工程专业认证不是必要的，只要申请人能通过注册考试就足够了，至于他们以前就读的学校和专业是否通过认证则无关紧要。"② 在这种环境下，各高校对开展工程教育专业认证的积极性必定大大受挫。因此，加深对工程教育专业认证的认识、提高对其重视程度是当务之急。

（二）重视对工程教育专业认证标准的制定

通过对日本专业认证标准的分析可知，尽管日本研究生层次的认证标准还并不十分完备，但从总体来看，无论是本科层次还是研究生层次，相关的认证标准内容简单明了，可操作性强。其本科层次的认证标准，无论是总体标准还是各学科的具体标准均有具体的规定，从而使认证工作落实到实践层面有章可循，切实地保证了认证工作的顺利开展。相比之下，全国工程教育专业认证委员会秘书处公布的《全国工程教育专业认证标准（试行）》，分为通用标准和专业补充标准两部分，虽然形式上并无错漏，

---

① 毕家驹．中国工程专业认证进入稳步发展阶段［J］．高教发展与评估，2009（1）：3．
② 毕家驹．中国工程专业认证进入稳步发展阶段［J］．高教发展与评估，2009（1）：3．

但是对通用标准中的每个一级指标下所含二级指标的划分来说，细致有余而简明不足，各部分的关联性也较弱，并不利于标准的施行①。但是，在借鉴日本的标准设置时，我们仍需注意，日本大学中的一些专业名称与国际惯例并不相符，这曾对其专业认证带来了些许的困扰，这一点，也是我国在制订相应的工程专业教育认证标准过程中需加以考虑的。

（三）保持与国际各工程教育专业认证机构的良好沟通

"经济的全球化和工程教育的国际化使各国工程专业认证趋于等效，各国的认证组织签订互认协议，相互承认彼此认证过的专业点及其所授学历、学位，是应运而生、势不可挡的潮流，而一味拖拉的国家将被这种潮流席卷而下。"② 国际社会工程教育认证的迅速发展已经不允许我们依然游离在国际社会之外了，因此，当前我们不仅要加快建立适合中国国情的工程教育认证制度，同时更应当考虑这一制度如何与国际惯例接轨。自20世纪90年代起，国家建设部成立的第一届全国高等学校建筑工程专业教育评估委员会（NBCEA）便积极开展对外交流，与英国土木工程师学会、结构工程师学会以及它们的联合评估委员会等国外工程组织保持密切联系，双方签订了土木工程学士学位专业评估互认协议书，这份协议标志着我国土木工程专业评估初步实现了与国际接轨，并为我国工程学位获得国际教育界和工程界的认可打开了通道③。由此可见，主动走出国门，积极寻求并长期保持与国际相关认证机构的交流与合作，是我国工程教育认证机构走向世界的一个主要途径。

---

① 全国工程教育专业认证委员会秘书处. 全国工程教育专业认证标准（试行）[G] // 全国工程教育专业认证委员会秘书处. 工程教育专业认证工作手册, 2007.
② 毕家驹. 走华盛顿协议的路 [EB/OL]. [2005 - 08 - 29]. http://www.tongji.edu.cn/bijiaju/.
③ 李茂国. 张彦通. 张志英. 工程教育专业认证：注册工程师认证制度的基础 [J]. 高等工程教育研究, 2005 (4): 18.

（四）注重与注册工程师制度的良好衔接

工程师的执业注册制度是对从事与人民生命、财产和社会公共安全密切相关的从业人员实行资格管理的一种专业资格注册制度，不同于一般的技能型认证。按照国际惯例，工程师的注册一般要达到三个要求，即"3E"：教育（Education）要求，经验（Experience）要求和考试（Examination）要求，而教育要求就是要求注册申请人持有从经过认证的高等教育机构的专业点得到的学位。可见，作为注册工程师制度的前提和基础，工程教育认证从一开始就注定要伴随着注册工程师制度的实施而进行，其认证制度的制订上也务求与之相适应。这同时也将对高校的专业设置和教育教学模式带来不小的挑战，并将突出体现在对学生实践能力和职业素养的培养方面。因此，工程教育专业认证应从高校这一源头开始把关，提升办学层次，注重教育质量，严格按照注册工程师的标准进行专业培养，为注册工程师制度的顺利开展打好基础。

当前，我国正处于经济高速增长时期，为了培养具有中国特色的社会主义事业发展急需的工程技术人员，促进我国工程建设项目的跨国交易和人员交流，提高我国工程技术领域的核心竞争力，建立与健全工程教育专业认证体系是当务之急。放眼世界，除日本以外，即使同在亚洲的韩国和我国台湾地区，近几年也都迅速融入国际体系，相继成为《华盛顿协议》组织的临时会员，相比之下，我国认证体系的建立历程可谓迟缓。然而，按照《华盛顿协议》的要求，临时会员可以在两年之后申请成为正式会员，而成为正式会员后就拥有了"一票否决权"，就能够决定其他临时会员能否成为正式会员。[1] 由此分析，时间越久，我国工程教育认证机构参与国际交流与互认的困难系数必将加大，形势不容乐观。我国唯有迅速行动，吸取日本等国家的成功经验，立足自身国情，严把高等工程教育质量关，在认证标准的设置与认证体系的构建上精益求精、力求完善，并以积

---

[1] 李汉邦，韩晓燕，庄灵. 台湾高等工程教育专业认证的现状及启示［J］. 国家教育行政学院学报，2009，138（6）：61.

极开放的态度与国际各认证机构开展合作与沟通,建立起一套成功的工程认证与注册制度,才不至于在工程技术领域激烈的国际竞争中落后。正如毕家驹教授所言,工程教育专业认证的道路上,"早这样做的国家早受益"①。

---

① 毕家驹. 走华盛顿协议的路 [EB/OL]. [2005-08-29]. http://www.tongji.edu.cn/bijiaju/.

第五章

日本高等专门学校的改革动向与特色

高专在创设初期具有如下一些特点，主要包括：实施从15岁开始为期五年的一贯的技术教育；由一般科目和专业科目构成的"楔形课程计划"，有效率且具有阶段性的专业教育；具有实验、实习与企业紧密合作的实习生制度等的实践特色教育；具有丰富企业经验和博士学位的优秀教师授课的卓越教育；通过学生宿舍、课外活动实施全人教育培养等突出的特点。

在十分严峻的经济形势下，日本四年制大学和短期大学都出现了学生就业低迷的问题，然而，高专依然保持了较高的就业率。不得不说，高专教育的确具有过人之处。高专教育在企业界和产业界获得了较高的评价。

第一节 近期日本高等专门学校的改革动向

2009年3月OECD发表的《日本高等教育政策调查报告》中提到，关于日本高等教育整体需要改革，在提到高专的时候，这样写道，"高等专门学校不仅保持了较高的职业训练质量，还能够及时对应日本产业界的需求进行调整，在国际上广受赞誉。"下面，我们将从几个方面对日本的高专教育进行阐释和分析。

一、共同教育项目的开展

日本高等专门学校自 1962 年创设以来，一直保持着一些特色。例如，积极开展产学合作，推动实践教育的开展与实施，这项工作已经成为高专教育显著的特色。高专教育的各所学校，与当地的政府、产业界以及毕业的校友一起积极开展多样化的校企合作项目，也积极开发了一些教育实践项目。

各所学校积极合作，51 所高专协同配合，积极发挥职业技能优势，作为一个整体的高专机构，其于 2009 年 12 月与微软公司签订了合作协议，开展人才培养的相关教育项目，共同进行人才培养。主要是针对微软的公司职员，通过开展讲座等形式进行培训；另外，还有针对 IT 领导者的集中培训项目。接着开展得项目，还有与欧姆龙公司（医疗器械公司）开展的合作项目，开展电子制御教育方面的教材制作，使用教材相关模型材料的培训，以及教育项目的开发与实施等。

日本产业界所需要的高水平人才将由学校与企业共同培养，像这样的共同教育项目，今后将会开展得越来越多，教育质量也将不断提升。

二、机构认证与评价

所谓机构认证与评价，主要是指日本的国立大学、公立大学、私立大学（包含短期大学）、高等专门学校，根据 2004 年的进行修正后的《学校教育法》，为了提高教育研究水平，针对学校的教育研究、组织运营以及设施设备等综合情况，每隔 7 年，在文部科学大臣的领导下，由认证评价机构进行评价。

高等专门学校是在 2004 年接受大学评价与学位授予机构所实施的高等专门学校机构认证评价（试行评价），接受评价的包括 5 所国立高专，1 所公立高专，2 所私立高专。从评价的结果来看，接受评价的学校均符合评价的标准。2010 年，有 51 所国立高专（共计 55 个校区）全部接受了认证评价，大学评价与学位授予机构给出的评价结果是，全部满足标准，全部合格。自 2011 年开始，高等专门学校又开始接受下一轮的认证与评价。

总体来看，高等专门学校开展机构认证评价的目的在于如下几个方面。

第一，高等专门学校定期接受评价，有助于保证高等专门学校的教育研究活动等质量。

第二，及时将评价结果反馈给接受评价的高等专门学校，有助于各个高等专门学校有效改善教育研究活动。

第三，为了准确了解高等专门学校的教育研究活动情况，并将真实情况呈现给社会公众，这是高等专门学校作为公共机构应尽的义务，希望以此得到广泛国民的理解与支持，更好地促进学校教育教学的发展。

认证评价主要体现在以下几个方面。

第一，基于高等专门学校评价基准的评价。

第二，以教育活动为中心的评价。

第三，对各个高等专门学校个性发展的评价。

第四，基于自我评价的评价。

第五，以同行评价为中心的评价。

第六，高度透明公开的评价。

期待评价结果反馈之后，能够有效改善学校的教育研究活动。

三、JABEE 认定

所谓 JABEE 认定，是指日本技术者教育认定机构（Japan Accreditation Board for Engineering Education），这一机构于 1999 年 11 月 19 日设立。工程科学技术在人类文明的进程中一直起着巨大的推动作用，高等工程教育作为工程科技人员培养的主渠道，担负着为国家培养工程技术高级专门人才的重要任务，为工程科学技术的发展不断提供着新鲜的动力。进入 21 世纪以来，高科技产业迅速发展，生产方式迅猛改变，经济全球化进程不断加快，对此，发达国家无不把培养第一流的工程技术人才放在重要的地位。这同时也深刻地改变了传统的高等工程教育，其国际化趋势逐渐凸显。

通过 JABEE 的认定与审查，高等专门学校专攻科毕业生的能力与水平可以得到社会的广泛认可，此外为了接受认定与审查，学校在成绩评价与管理等方面更加明确化，同时设置了针对学生的教师咨询室，为了更好地改善教学质量开展针对学生的问卷调查，以及在高等专门学校内部着力提升教育教学质量、提高办学水平方面采取了一系列有效的措施，主要包括：提高教育研究的水平，针对地区企业以及学生们进行关于专攻科教育的调查，进而提升专攻科的教育教学水平。

从 2011 年接受 JABEE 的认定与审查的情况来看，高等专门学校中有 46 所学校接受了 72 个项目的认定与审查。

在国立高专机构第 2 期中期计划中，着重提出，要从培养实践技术者的视角来培养人才，让学生在取得各种资格证的同时，还能够通过 JABEE 的项目认定，努力提高教育质量。

四、专攻科学位审查

如今，高等专门学校发展到一定阶段，专攻科的毕业生向大学评价与学位授予机构提交课题论文，并通过审查就可以获得学士学位，同时也可以报考研究生院的硕士课程。当然，每年都会有一定不合格的人数。仔细看来，现行制度存在如下一些问题。

第一，高等专门学校的专攻科主要是贯彻和实施为了培养高水平技术人员的具有一定体系的教育课程，几乎所有的专攻科接受项目认定的内容都与大学本科的教育项目相似，但是不能反映出专攻科平时学习的情况。

第二，高等专门学校的教师没有接受审查与评估。

第三，专攻科的学习只有短短两年，但是接受评估的时间是第二年的夏季到秋季，这一阶段正是学生撰写报告与准备考试的阶段，所以，对学生与教师都会带来很大的压力与负担。

第四，为了准备接受评估，需要参加实习与学会的活动等，这样会对学生的主观学习体验带来一定的困扰。

第五，由于考试实施的场所是特定的，所以对全国各地的高专学生来说有很大的负担。

第六，由于学位的专攻领域，例如机械、电气电子等是统一规定的，所以对于交叉学科领域接受评估的时候，如何选择领域就会比较困扰。

在2008年12月中央教育审议会答申文件《关于充实高等专门学校教育》以及2010年12月中央教育审议会的答申文件《关于今后职业教育的发展》中所提到的那样，今后文部科学省、大学评价与学位授予机构、国立高专机构等几方关系的调整需要进行研讨与交流。

五、国际化的推进

随着经济全球化的不断推进，很多企业向海外拓展业务，曾几何时，作为世界工厂的日本也进行了相应的调整。培养高水平技术人员的高等专门学校也随着大环境的变化而不断调整，应对挑战。

很多企业的加工据点都转向了海外，所需要的技术人员也不仅仅停留在日本国内，在海外的加工企业需要大量的技术人员和管理者。因此，对于高等专门学校提出了人才培养的新要求，即提高高专毕业生的国际通用性，让高专毕业生在毕业后能够较快适应国际社会的高技术高水平要求，培养国际通用的高技术高水平人才是高等专门学校的一个崭新的重大使命。

因此，高等专门学校特别重视学生的海外体验，加强与签署交流协定的学校之间开展海外实习活动，海外研修项目，学分修得项目，外语研修项目，民间企业短期实习，此外，还有参加国际研讨会活动等。学校尽量创造更多的机会，让高专学生在毕业之前都能得到去海外实习或研修的机会，最大限度地实现国际化人才培养。因此，高等专门学校拓展海外交流教育网络是非常必要的。目前，日本高等专门学校主要从以下几个方面开展国际化项目。

（一）推进向海外派遣学生等的国际交流活动

为了更好地培养能够活跃在国际社会的实践技术人员，自2008年开始，高等专门学校向海外广泛拓展业务，与在海外的日本企业签订合作协定，开展学生为期三周的海外实习活动。高专联盟机构今后将会得到更多企业的理解与支持，积极扩大该项目的开展。对于高等专门学校来说，与海外企业合作，积极开发海外实习项目，让个别海外实习项目能够拓展到一些高等专门学校能够共享。

此外，积极与海外的工科学校、工科大学开展人才培养方面的交流与合作，在此基础上，推进学生长期和短期的双向交流与研修项目。

（二）签订与海外的交流协定

高专联盟机构作为日本全国国立高专的联盟机构，积极推进与亚洲地区的技术人员教育机构之间的交流与合作，目前开展状况良好。与此同时，高专联盟机构还积极组织和开展以高专教师提升工科教育水平为目的的学术研讨会（ISATE），以及以提升学生研究水平的研讨会（ISTS），类似的研讨会基本上每年都会在日本国内或海外召开。

高专联盟机构今后活动的开展，主要是与东南亚地区的高专学术合作紧密相连的，推进合作的无边界化，推进可持续发展，在21世纪，东南亚成为主要的研究领域，积极构建合作与交流的网络是当下需要关注的课题。

（三）推进招收留学生

高专联盟机构在2009年4月开设了日本全国国立高专的共同设施，在冲绳高专设立了"留学生交流促进中心"，主要开展接收外国留学生以及派出日本学生赴海外留学等各种支援工作。

2011年，为了招收更多的自费留学生，根据日本学生支援机构进行的日本留学考试的成绩，日本全国国立高专共同实施了留学生的编入学考试。为了让更多有志于理工科的学生更好地了解高专教育的相关情况，2010年实施了针对亚洲学生的高专教育体验活动等，大力组织了宣传活动，并投入了一定的奖学金。

六、中央教育审议会的改革动向

2005年1月28日，中央教育审议会发表了题为《我国高等教育的将来像》的答申，主要是对今后日本高等教育的发展进行了全面的规划与展望。在内容的第三章"新时代高等教育机构的现状"这一部分，针对高专是这样论述的。

高等专门学校实施五年一贯制的实践性、创造性的技术人员的培养，具有这样的教育目的；从早期开始重视体验型的专门教育，特色比较突出；与大学的四年制学士课程、短期大学的课程相比，课程设置等教育目的更为明确，高等专门学校作为教育机构，着力培养今后具有丰富的实践性、创造性技术人员。高等专门学校主要承担这一重要职能。

高等专门学校的毕业生在毕业后可以升入专攻科或者编入四年制大学，近年来升学的学生人数逐渐增加。有必要在教育内容、履修指导等方面进行研讨，让高等专门学校与四年制大学等高等教育机构之间接续的工作进行的更加顺利。另一方面，应该让高等专门学校的作用与定位更加明确，凸显高等专门学校人才培养的个性与特色，即基于早期重视体验型的专业教育，培养实践性、创造性的技术人员。

从高等专门学校的人才培养来看，高等专门学校的学分是这样的，在教室内学习30个小时为1个学分，各个学校在授课形式、指导方法的多样性、自学自习的教育效果等方面进行综合考虑，然后来考虑学分的计算方法，各个学校灵活编制课程计划。具体来说，要促使学生在教室外的自学自习的指导方面下功夫，要保持总的授课时间，在一定的范围内，例如在60个学分以内，由各个学校来酌情调整学习时间，例如可以将45个小时的学习设定为1学分，这些问题都可以进行酌情调整。

随着国立大学法人化和国立高等专门学校的法人化，今后高等专门学校的管理运营将会走向何方，高等专门学校的基本发展方向是否会有所变化，高等专门学校的名称是否会变更，提升社会认可度和知名度，积极改善目前存在的一些问题，积极发挥高等专门学校专攻科的作用等，都将是今后必须关注的重要问题。

2008年12月发表了题为《关于充实高等专门学校教育》的答申文件，在这个文件中，对高等专门学校的发展现状进行了充分肯定，对高等专门学校取得的成绩给予了较高的评价，尤其指出，高等专门学校已经从创设之初主要是培养中级技术人员发展到了培养能够广泛活跃在各行各业的具有多样实践性、创造性的技术人员，实现了质的飞跃。同时还对今后发展的对策进行了论述。

2011年1月，发表了题为《关于今后学校的职业教育发展状况》的答申文件。这个文件虽然是对学校教育的整体进行了论述，但是其中对高等专门学校给予了较高的评价。

第二节　日本国立高等专门学校的改革动向

独立行政法人国立高等专门学校机构（以下简称高专机构）是于2004年4月，在国立大学法人化实施的同时进行创设，以日本全国55所国立高专为管理对象进行运营的。实施法人化的目的在于，与国立大学实施法人化一样，从国家的组织框架中独立出来，增强自主性和独立性，从而进一步实现国立高专的个性化、活性化以及教育研究的高度化。国立大学主要是每个大学都实现了法人化，国立高专每个学校的规模都比较小，因此，为了确保作为高等教育机构的竞争实力，国立高专机构作为一个法人整体对日本全国的国立高专进行组织和运营。这样一来，就可以超越学校的界限，针对国立高专整体面对的共通课题，可以超越各学校的框架积极推进教育活动，积极充实学生的支援活动。

一、作为法人的目的

作为法人，高专机构主要开展设置国立高专等工作，对职业需要开展必要的实践性、专门性的知识与技能的人才培养，培养具有创造性的人才，从而实现提高国家高等教育质量与人才培养的均衡发展的最终目的。

二、组织、运营与成员

从高专机构的组织来看，在理事长之下，设置6名理事（常任理事2名，校长兼职理事3名，非常任理事1名），监事2名，同时设置了本部事务局，风险管理本部以及监察室。

监察室是在监事的统一管理之下，于2010年5月，为了强化机构内部管理体制的充实而设立的。此后，关于风险管理的部分，在2011年4月由新设置的风险管理本部来接管。此外，日本全国共同利用设施方面，设置了留学生交流促进中心。

本部设有事务局。主要设置了事务局局长、事务局次长，此外还有总务科、人事科、财务科、企划科、学务科、设施科、管理科，以及教育研究调查室、国际交流室。共计七科二室。

2004年4月实施法人化以后，主要是设置了总务科、财务科、企划科以及设施科；后来根据发展需要，2005年4月又增设了学务科；2007年4月增设了人事科、管理科以及教育研究调查室，2009年4月增设了国际交流室。

三、机构的目标和评价

成为独立行政法人以后，文部科学大臣为了达成中期目标，制订了中期计划（为期5年）和年度计划。各国立高专在遵循中期计划、年度计划的基础上，各个学校制订了年度发展计划，努力提升学生的服务质量和办学效率。

此外，高专联盟机构遵循中期计划和年度计划，要求各高专提出各个学校的中期发展计划和年度计划，召开校长听证会，通过来自各个高专的报告，进一步把握与评价学校的发展状况。

高专联盟机构的第 2 期中期计划主要包括以下内容。

1. 确保招生

第一，积极进行招生宣传活动（广报活动），尤其是对女学生进行宣传。

第二，重新审视考试的方法。

第三，确保 18500 人以上的招生人数。

2. 推进高度化

第一，切实推进 4 个地区的高度化再编的实施。

第二，各个高专在地区需要的基础上积极推进高度化与个性化（重新审视学科构成、新领域的学科设置、专攻科的整备充实、学科的总括化和课程制的导入等）。

3. 确保优秀的师资

第一，确保教师具有多样的学科背景。

第二，积极推进高等专门学校和两所技术科学大学之间教师交流制度的构建。

第三，提高女性教师人数所占比例。

4. 教育质量的提高与改善

第一，通过 JABEE 的认定提高教育质量。

第二，由综合数据库汇集的优秀教育实践案例实现共享。

第三，充实企业实施制度，推进共同教育。

第四，将退休的技术人员作为企业人才引入高专教育。

5. 学生支援和生活支援等

第一，充实心理咨询和精神关怀。

第二，图书馆和学生宿舍有计划进行完善。

第三，设立来自企业界的奖学金。

第四，充实进路选择支援体制（完善就业和升学的支援制度）。

6. 教育环境的整备与活用

第一，加强设施管理。

第二，提高建筑的抗震率。

第三，引入通用设计。

第四，加强有利于环境的设施。

7. 推进研究与产学官合作

第一，推进技术革新与需求相匹配。

第二，将技术科学大学的研究成果进行成果转化，完善知识产权体制并在全国推广。

8. 加强与地区、社会的合作

第一，支援中小学的理科教育。

第二，构建高专毕业生的校友网络并加以完善。

第三，开展各学校的公开讲座。

9. 推进国际化

第一，扩大留学生的招生规模，完善教育环境，强化接收体制。

第二，推进留学生交流促进中心教师研究会开展活动，实施留学生交流项目。

第三，推进日本学生的海外企业实习和海外留学项目。

第四，通过JICA推进技术合作。

10. 充实管理运营体制，提高业务运营的效率

第一，灵活运用学校优势进行战略资源分配。

第二，推进事务的合理化与效率化。

第三，积极筹措外部资金。

四、管理运营

（一）战略资源分配

随着法人化的实施，高专联盟机构迅速并且责任明确地将政策落地，高专联盟机构为了准确而顺利地实现中期计划和年度计划，充分尊重各个国立高专的自主性，让各个学校发挥自己的特色，根据各个学校特色经营的效果来进行战略资源分配。战略资源分配主要着重考虑以下几个方面：根据各个学校的发展需要，在现有状况的基础上，积极推进高专改革；改善教育环境；改善设施设备的状况；提升教育质量以及提升教师的教育教学能力；充实学生支援和生活支援；等等。

2010年，在中教审的答申文件《充实高等专门学校教育》中提到，在人才培养方面，高等专门学校主要是培养具有实践性、创造性的技术人员，但是纵观高等专门学校的现状，学校中的设备老化，亟待更新，需要及时更新先进的设备；这是当前最重要的课题。为了让高等专门学校能够迅速有效地更新教育研究设备，特制订《设备更新首要计划》，大力推进高等专门学校更新教育研究设备计划，以便于学校开展有特色的人才培养计划。

（二）加强行政事务的合理性和有效性

随着法人化的实施，为了更好地实现学校优势，进一步研讨行政事务的合理性和有效性，在企划委员会之下设置了业务改善委员会，将财务会计管理、人事管理、给予管理整合为一元体系，从2007年到2008年，积极推进行政事务的有效性。过去，在各个高等专门学校实行的是经费管理的预算决算业务，高专机构联盟实行法人化以后，构建了一元化的财务会计体系，行政事务实现了效率化、合理化。

第三节　日本高等专门学校的发展特色

一、日本高等专门学校的就职教育

（一）以产业界实情为基础开展的教育

在高等专门学校实施一种特殊的教育项目，这种教育项目主要是培养较高的职业观和意念的人才，使之具有能够活跃在社会上的资质与能力。

从教育课程来看，重视实验、实习与实际技能，重视职业教育与就职教育，培养学生具有扎实的基础，成为实践性的技术人员。具体来看，在贯穿五年时间的课程中，低年级经常会安排去企业参观，在不同的阶段会去企业积累实习经验，有意识地培养学生职业素养；通过课题设定型学习（PBL），提升学生独立解决问题的能力，着重培养学生人际交往能力和团队合作精神。

通过学术讲座、研讨会等活动，让学生积极参与，可以进行个人发表，培养学生积极的学习兴趣与展示能力；通过丰富的课外活动，志愿者活动等，让学生们积极参加社会贡献活动；通过教育寮的生活，实施全人教育。

具有企业工作经验的教师（人数约占教师总人数的30%）去企业交流，担任现职或者退休的企业技术人员来学校担任非常勤讲师，能够得到地区的企业以及高专毕业生的大力协助，从而在深入了解产业界、企业界的实际情况后再来实施就职教育，采用丰富多样的教育方式方法，积极创设有特色的教育项目。

（二）开展共同教育

高专教育力求实现高度化、个性化，这不仅是回应社会各界对职业教育与就职教育的需求，还实现了与外部更广泛的合作，推进共同教育。

让学生通过在企业的实习不仅能够获得丰富的经验，还能够得到地区企业经营者、从事研究开发的第一线的技术人员的支持与帮助。当地企业的人才拥有丰富的知识与技术，将会对学生的发展有所帮助。针对接受高专教育的学生，针对身处教育现场的学生，创设接受实践技术指导和聆听制造精神的指导的机会，以更好地推进相互交流。

二、高专学生的课外活动与日本全国大会

（一）日本全国高专体育大会

高专教育具有一定的特点，主要是以15~20岁之间处于青年期的学生为教育对象，开展为期五年的一贯教育，高专教育是这样的一种教育制度。五年一贯制的教育，年限比较长。为了更好地促进学生身心健康成长，各个高专除了各自开设的体育课之外，还会积极准备广泛多样的体育活动。为了提升体育运动技能与水平，积极发扬体育精神，实现高专各学校之间的亲密交流与合作，定期举行日本全国的高等专门学校体育大会。

高专在校内开展体育活动，设立体育社团，对开展体育活动进行奖励。由于高专的学制是5年，所以，学生的年龄构成多数是15~20岁之间。实际上，高专校内的体育社团设立之初并没有考虑到日本全国高等学校综合体育大会和高专的体育大会。学生自己负责的团体在1964年提出了举办全国体育大会的建议，日本第一届全国高专体育大会在1966年于名古屋大学的体育场顺利举行，参加的学校共计43个。这次会议主要是为了让第一届高专毕业生在毕业之前能够参加全国体育大会。在大会召开之前，在日本全国分8个区域进行预选赛，项目主要包括田径、排球、篮球、乒乓球、柔道、击剑等。

（二）社团法人高专体育协会

如前所述，日本第一届全国高专体育大会主要是有43个国立高专参加的体育大会，第二次大会开始商讨在近畿地区召开包括国立、公立以及私立高专在内的全国高专参加的体育大会。此时，日本国内国立高专、公立

高专和私立高专已经建立了联盟组织。筹备委员会包括国立高专、公立高专和私立高专，经过材料的准备、提交申请，1967年7月经文部省批准，社团法人全国高等专门学校体育协会正式创立。

（三）竞技项目的增加

日本全国高专体育大会在公立高专、私立高专参加以后，队伍更加壮大。从第二届体育大会开始，到第二十届体育大会，参赛项目一直都是七项。从第二十一届大会开始，棒球作为新项目加入进来，参赛项目增加到八项。此后，足球、羽毛球、网球、游泳等项目增加进来，现在体育大会已经有十四个项目了。女生参加的人数也在不断增加，体育大会的规模不断扩大。

（四）文化宣传的主办机构

社团法人全国高等专门学校体育协会（简称"专体协"）负责定期组织和召开体育大会。1985年开始主办机器人大赛等文化宣传大赛。最初几年，主要是国立高等专门学校协会（简称"国专协"）、全国公立高等专门学校协会（简称"公专协"）、日本私立高等专门学校协会（简称"私专协"）联合作为主办单位。1991年，上述三个协会作为团体会员，成立了"高等专门学校协会联合会（简称联合会）"，此后，这个联合会作为主办单位来负责每年例行的活动。

2012年4月，在高等专门学校创立50周年之际，"专体协"和"联合会"实现了合并，相关职能也实现了统一，实现了一般社团法人化。一般社团法人日本全国高等专门学校联合会不仅负责体育、文化的宣传、组织活动，还负责高等专门学校学生广泛的活动交流工作。

（五）日本全国机器人大赛等各项大赛

创意对决——日本全国高专机器人大赛自1985年举办第一届以来，一直深受欢迎，截止到2012年已经举办了二十五届。让参赛的选手自己动脑动手亲自设计并组装机器人，并同场竞技，每年都会在东京的国技馆举行决赛。

日本全国高专程序大赛1990年在日本京都市举行了第一届大赛，截止到2012年，举办了第二十三届程序大赛。在程序大赛上，主要考察参赛者在信息处理技术方面的卓越创意与实现能力，作为终身学习的庆祝活动，在日本全国城市巡回举办。

日本全国高专设计大赛可以追溯到1977年，后来改为现在的形式是在2004年，即在2004年举办了第一届设计大赛，2012年举办日本全国第九届高专设计大赛。设计大赛主要考察的是参赛者与生活环境相关的设计创意与设计能力，这一大赛也是每年在日本全国巡回举办的。

此外，日本全国高专英语展示大赛是在2007年开始举办第一届的，在2012年迎来了第六届大赛。英语展示大赛主要是考察参赛者英语的表现力，尤其是用英语展示的能力，在每年的年初一月份都将在日本东京举行决赛。

日本全国高专素材大赛第一届大赛是在1993年，1998年举办了第四届全国高专素材大赛。

三、高专学生宿舍生活的相关指导

（一）学生宿舍的生活

所有的国立高专均设有学生宿舍（学生寮），学生们通过宿舍生活来习惯集体生活，同时养成独立自主的性格。通过学生宿舍的生活，学生之间相互了解，建立了深厚的友谊与羁绊，收获终生的友谊。所有宿舍都是在校园中，这样不仅上课比较方便，而且参加课外活动的时间也比较多。教师轮流在宿舍值班，学生有各种问题或者烦恼的事情都可以向教师咨询或倾诉，能够及时得到教师的指导。

（二）学生宿舍的完善

高等专门学校发展之初，学生的经济条件和社会上的大环境，在宿舍的条件方面就有所体现。经过了30年的发展，日本经济实现了经济高速增长，虽然学生所处的环境和经济条件也发生了改变，但是宿舍的房间比较狭小，条件也比较简陋。随着时间的流逝，宿舍的设施也相对老化，而随着经济条件的改善，学生的身高也有所增加，所以学生宿舍的条件亟待改善。

首先，加强了学生宿舍的抗震强度，扩大了房间的面积，对于高年级的学生增设了单人宿舍，在宿舍中安装了空调等，根据地区的经济发展情况，较大地改善了学生宿舍的住宿条件。

其次，随着女生人数的增加，学校认为，应尽早建设女生宿舍。他们为此撰写了建议书《关于高专女子宿舍的报告》，向文部省提交了相关建议。1984年，国立高专中已经有8个学校设置了女生宿舍。现在，所有的国立高专都设有女生宿舍。

（三）宿舍食堂的委托业务

根据国立高专的相关规定，宿舍食堂中负责用餐指导管理工作的包括1名营养师，关于厨师的雇用标准并没有明确规定。1975年，钏路等9个高专将寄宿食堂的配餐工作进行了业务委托，此后，经过了十几年的发展，日本全国所有的国立高专都实现了配餐业务委托。

四、高专学生指导的困难期

（一）学院纷争的发展

1965年以后，在日本的大学发生了学院纷争，1968年初，高专也受到了波及和影响，偶尔摩擦也会表面化。

学生所属的社团在开展与其他学校的比赛时，需要写申请，这个申请书需要学生社团的负责人出具证明材料；学校告示板和印刷物的发行，需要得到校长的许可；学生登校一定要穿校服；等等，当时有很多新增的规定和要求。

从日本全国高专的情况来看，根据学生纷争的情况不同，学校采取的措施也有所不同，学生纷争比较严重的学校，采取了休校措施和关闭学生宿舍等措施。

（二）学院纷争的结束

在学院纷争期间，高专采取了有效的措施，在一定的秩序和学校规定的指导下采取了得力的措施，对学生进行了严格的指导，对违反规定的学生给予了必要的处分，严格遵循了社会规范进行指导。1972年年初，学院纷争在不知不觉之间彻底结束了。

五、高专的学生咨询与生活辅导

（一）包括心理健康在内的学生支援

在高等专门学校，由于学生都是初中毕业直接考入学校的，并且，几乎所有的学生都要在学校里开始寄宿生活，可以说，寄宿生活是高专的一大特点。因此，高等专门学校中在校园内学生学业上的支援、对于进路的选择以及身心的健康等生活方面的支援尤其重要，上述问题一直是高等专门学校关注的重要课题。

在各个高专，针对学生都开设有学生相谈室，并且设有专任相谈人员，此外，学校还安排了班主任老师、指导教师、校园生活指导员、护士等相关人员，设置了各种咨询窗口。此外，2009年"高专心理健康咨询室"作为高专的特殊机构进行了设置，提供心理咨询的老师是与校内无关的专业人士，让心理健康工作更加专业化。值得一提的是，这个心理咨询室不仅仅针对学生开放，还包括学生的家长以及学校的教职员都可以前来咨询。

此外，为学校教职员提供了研修的机会，生活辅导研究集会到2011年已经召开了第8次会议。教师们在会议上进行了充分的交流，同时有机会学习专业的知识，针对具体的咨询案例进行研讨。

（二）对于有困难的学生进行就学支援

对于入校以来学习或生活方面有困难的学生，为了让他们将来成为独立的技术人员，学校将开展有针对性的支援，让他们学会与周围其他学生一起进行交往、交流的宝贵机会，学校会尽全力提供无障碍的教育。采取的措施，不仅仅是设施、设备方面的保障，还会安排教职员进行就学支援，增加教职员的研修机会等。

此外，根据学生在学习或生活方面有困难的类型和程度，学校所采取的措施也有所不同，让采取的措施更有针对性。对于特殊有困难的学生，也就是说，这名学生不仅是学习方面有困难，在与周围人相处、交流都存在困难的话，学校的教师会营造理解、宽容与合作的支援氛围，通过召开研讨会等以专题的形式进行研讨，尽最大的力量帮助和支援学生。

六、高专教师教育教学能力的提升

（一）关于教师研究集会

1963年，就是高等专门学校制度创立的第二年，国立高专协会为国立高专的教师提供了研修的机会。该研究集会主要是为了促进各个国立高专研究合作，体现高专的教育教学目的，促进教育开发，实现教师教育教学水平的提升。第一次研究集会是在文部省内的会议室举办的，参加的国立高专共计有24个学校，每个学校派1名参加会议，会议为期2天，与会者进行热烈的讨论。学科主要包括机械、电气、工业化学、土木、建筑等。自1964年开始，研究集会开始分设东日本、西日本两个会场进行。如今，在全国8个地区中，每年在4个地区召开地区教师研究集会。

（二）与技术科学大学的合作

日本全国高等专门学校（包括国立高等专门学校、公立高等专门学校和私立高等专门学校）的教师定期举行教师研究集会，后来有了新的发展，在两所技术科学大学成立之后，以这两所技术科学大学为会场轮流举行会议。会议由日本全国高等专门学校与长冈技术科学大学、丰桥技术科学大学一起合作举办，在教师教育研究集会的基础上，逐渐发展成为日本全国规模的关于高专教育的研究发表集会。2010年，日本全国高专教育大会举办的规模达到了近千人，是一次盛大的教育大会，在这次大会上还进行了文部科学大臣表彰、机构理事长表彰等教师表彰活动。

此外，每年定期举办高专教师的各种研修会，例如为新任教师开展的研修会，主要包括国立高专新任教师研修会，为担任学生生活辅导工作的教职员定期举办研究集会，还有关于信息处理的研修会也会每年定期举行。

关于技术职员的研修会，每年东部地区和西部地区可以得到两所技术科学大学的指导与帮助，主要是由国立高等专门学校协会（2004年以来是由高专机构负责）来组织，具体由高等专门学校技术职员特别研修会来实施。

（三）定期发行《高专教育》

1976年，国立高专协会在基准缓和的相关政策的指导下，决定发行《高专教育》杂志。在杂志《高专教育》中，主要包括关于改善高专教育的研究成果，还有相关调查结果的发表，以及为各个学校独立进行改革努力提供建议和参考。创刊号是在1978年3月开始发行的，在这一期杂志中，刊发了高专教育方法等改善调查会的各个部会进行的调查结果、基本的指导思想、教科内容的模式、教育课程编写的案例等。从第二期开始发表研究论文等，从第三期开始刊登征稿启事，此后，基本上每年都会刊发一期，已经刊发了35期杂志。

（四）高专专用教材的开发

1984年，国立高专协会教育课程等委员会在放送教育开发中心的大力协助下，制订了教材研究开发的主要方针。在生物领域，主要包括《生命科学编》《基础生物编》；新素材领域主要包括《金属材料》《无机材料》等；国立高专协会独立制作教材并进行使用。此外，在国立高专协会中，针对招收留学生的高专还提供一些其他的帮助，例如，制作帮助留学生学习的《工业基本术语集》（包括汉语、韩国语、马来语、印度尼西亚语），并于1985年发行。

七、地区合作与研究活动

（一）高专与各地区的合作

随着科学技术的不断进步，从 1975 年初开始，应学校内部和地区产业振兴的要求，地区与学校各自发挥特长，在国立高专设置了跨学科的共同研究中心；后来随着经济的不断发展与技术的突飞猛进，1999 年以来，各个高专陆续设置了地区共同技术中心。

高专与地区的联系更加紧密，在教育、研究等各个方面，合作不断加强，地域共同技术中心成为活动的中心力量。地域共同技术中心在 1999 年设置了 7 个，2000 年设置了 6 个，2001 年设置了 5 个，到现在，已经在所有的国立高等专门学校中设置了地域共同技术中心。

高专开展的产学合作活动，在国立大学法人化实施之前，各个高专开展的产学合作是百花齐放；2006 年 2 月，高专机构制定了基本方针，主要是通过产学合作活动，努力提升高专的教育水平，将学到的知识财富回馈给社会，做出应有的贡献，产学合作活动定位明确，在教育与研究两个方面推进产学合作。

（二）委托研究与捐赠资金

日本的国立大学和国立高专历来有这样的传统和制度，他们接受来自民间企业的资金支持，进行在教育研究方面有意义的委托研究。此外，还设有捐赠资金的制度，这一制度主要是为了振兴学术研究，提高学术研究的活力，可以从民间企业等外部接受捐赠资金。

通过这两个制度，产业界与国立高专建立了紧密的联系，保持了长期的合作关系，通过研究经费的筹集，促进了企业与高专双方共同发展。日本全国的高专也制定了《委托研究实施规则》和《捐赠资金的使用规则》等，从外部吸纳的研究资金也实现了积极的导入。

从国立高专委托的研究项目的数量来看，1990 年为 21 项，2011 年已经上升到了 263 项；另一方面，从捐赠资金来看，1990 年约有 453 笔捐赠

121

资金，2011年捐赠资金已经上升到5551笔资金。

（三）与民间的共同研究

应民间企业等外部机构在研究方面的迫切要求，自1983年以来，设立了高专与民间企业共同研究的制度。针对共同的课题，来自民间企业的研究人员与接受了研究经费的高专的教师一起进行研究，有效地促进了产学之间研究人员的交流与合作。在日本的高专中制定了《共同研究开展规则》，积极推进共同研究工作。

1990年，共同研究开展的项目，在国立高专中共计16项，到2011年已经增加到了740项。

（四）科学研究费补助金

所谓科学研究费补助金，是一种公共竞争性质的研究基金。由文部省设立的，大学等机构的研究者进行申请，根据对研究者的评价来进行审查与确定，是这样的一种研究费补助金制度。这一制度在高专创立之初就已经存在了。随着技术的进步，高专的研究者为了应对科技的不断进步，提高自身的创造力，也开始努力，争取获得研究费的资助。

现在，日本学术振兴会作为主要的公募主体，每年的预算包括资助四年制大学等在内共计超过2000亿日元，包括基础研究和应用研究。2011年，高专共获得批准863项研究项目，得到了11亿日元的研究资金。另外，为了获得外部资金的资助，各个高专以及高专机构都纷纷采取措施，积极行动。

八、设施的开放与公开讲座

（一）公开讲座

在公开讲座方面。文部省为了更好地推进地区的社会教育事业，从1976年开始，定期安排国立学校等机构开展公开讲座，由国立学校特别会计来计算公开讲座所需要的费用。这种公开讲座一般是针对中学生和高中生，以及社会一般大众；高专开展的讲座主要就是应大家的要求，主要讲一讲电脑的入门和使用等，最初的公开讲座有一多半是这方面的内容。一般教育科目的通识讲座、地区的产业发展、与历史相关的专业讲座等，这是后来开展的公开讲座的发展方向。

2011年，所有的国立高专全部开展公开讲座，日本全国共计开展了668场公开讲座，大约有19000人参加的讲座。为了防止中小学生远离理科，增强中小学生对理科的兴趣，以中小学生为对象，开展了理科内容的公开讲座，还进行了参观活动、实验、先修课程、科学教室、机器人大赛等一系列活动。

高专具有一定的设备，能够灵活运用技术教育的技术信息，适应地区中小企业的需求，为技术人员开展授课和开设研讨课，为技术人员的再培训提供帮助；地点也不再局限于高专的校园内，还会到对方的公司中进行"外卖式"授课和讲座，或者在外面开展公开的志愿者活动。

（二）体育设施的开放

关于体育设施的开放，自1976年开始，国立学校的校长接到通知，通知的文件为《推进学校体育设施的开放》，其主要内容是，为了应对国民开展体育活动的需求，希望地方公共团体等在不影响教育研究活动的同时，积极满足国民使用体育设施的愿望。

日本全国高专相继推进体育设施的开放，包括体育馆、游泳池、武道馆、田径场等体育设施。各个高专体育设施不断开放，后来，地方公共团体等的体育设施也不断发展与完善，具体的使用数据没有详细统计，但是，对于社会大众的开放是一直持续的。

（三）图书馆的开放

图书馆最早是在1985年左右对本地区居民开放，后来居民又可以使用借书和还书服务。1998年以来，很多高专都成了本地居民终身学习的场所，本地居民可以使用图书馆学习，十分便利。

九、留学生交流与开展国际交流事业

（一）接收留学生

从 1983 年开始，国立高专开始接收外国留学生，最初只有 6 所高专接收 11 名留学生，都是在第三学年接收学生，此后每年逐年增加，到 2011 年已经增加到接收来自 22 个国家的 467 名留学生，已经有了显著的增加。尤其是自 1983 年以来，日本开始接收马来西亚政府派遣的留学生，如今来自马来西亚的留学生约占高专留学生总数的一半。

2010 年国立高专的自费留学生的人数只有 7 名，2009 年国立高专机构在冲绳开设了留学生交流促进中心，主要是负责国立高专的国际交流事业。从 2010 年开始，日本全国高专共同实施的招收外国自费留学生的考试主要是由这个留学生交流促进中心负责组织和实施，招收的外国学生在一定程度上有所增加。

（二）国际合作和交流事业

所谓 JICA 项目，是从 1983 年开始实施的为期 5 年计划的项目，主要是与菲律宾工科大学综合技术训练中心进行合作，由高专的机械工学、电子工学等几个领域进行组织、策划，参与印度尼西亚、泰国、土耳其、卢旺达等一些相关项目，开展派遣、调查研究等工作。

在国际交流事业方面，1988 年，日本的鹤冈高专和中国郑州纺织工学院建立了学术交流协定，此后国立高专开展的学术交流逐年增多，学术交流的内容也更加多样化，到 2010 年，已经有 44 所高专缔结了 129 项合作协定，其中国立高专与新加坡、泰国等国家缔结了友好合作协定，已经开始广泛开展研讨会、研修项目等。

（三）海外研修项目

2010 年，日本全国国立高专赴海外研修的学生总人数达到了 1877 人，此外，赴海外参加学会、开展调研活动的教师人数约有 1249 人；此外，高专机构和个别高专实施实习生项目，主要是派遣学生赴海外企业进行实习。

2005年开始，日本国立高专机构开始实施派遣教师赴海外教育研究机构进行较长时间的研修项目。2009年国立高专机构有24名教师被派往海外进行研修。

十、高专的后援会和同窗会

（一）学校与家庭的合作

升入高专的学生虽然被称之为"学生"，但是与高中生相比，却有一种成熟的感觉。在学生培养的过程中，需要学校与家庭的紧密联系与合作。

各个高专都设有后援会，后援会主要是深入理解高专的教育特性，5年的时间正是学生身心发展最为显著的关键时期，后援会的主要作用就是协助学校、发挥积极的推进作用。

教育后援会主要是由家长中的有志人士积极发起，学校与家庭之间建立紧密的合作，以促进学生身心发展为目的的组织。从第1期学生入校开始，第1期教育后援会就成立了；从第2期学生开始，遵循第一年的惯例，在日本全国高专陆续设立，一直运营到今天。后援会的会费除了少量的涉外活动费用之外，都是用于学生会活动的支援，就业支持，学生所需要的通识图书的购买，福祉厚生设施助成等，基本上是通过这样的形式间接返还给学生，真正做到了取之于民，用之于民。

教育后援会主要是由热心家长自发组成，自主进行运营；各个高专一般都会做到学校不介入后援会的运营，防止社会人士产生误解。

（二）同窗会的活动

各个高专都设有同窗会，他们在各自开展活动的同时，在举行大型活动的时候，例如高专创立50周年大型庆祝活动，各个高专的同窗会也会与教育后援会一起合作，成为学校的左膀右臂，共同开展活动。尤其值得一提的是，作为高专的特色，学校与就职于当地企业的校友建立联系，共同开展具有实践特色的职业教育，并进行案例总结；毕业后已经创业成功的毕业生会回来对在校生进行演讲或进行研讨。从这个角度来看，同窗会也具有帮助后辈的特点，它是在学习和就业方面对后辈给予帮助的教育协力组织。

在日本全国很活跃的高专毕业生网络的主要组成机构，具有37个高专同窗会参与的联合组织"全国高专同窗会联络会"在2010年召开了第二次会议。在大会上提出了新的提案，由于每个学校规模较小，建议日本全国高专每年大约1万人的毕业生进行跨学校的交流，并将其作为惯例坚持下去。

十一、日本高等专门学校的历次纪念活动

（一）高专创设10周年的纪念活动

1972年11月15日，高等专门学校创设10周年纪念中央大会，在日本东京九段会馆举行，主要包括演讲会、公开座谈会、庆祝典礼、庆祝宴会这几个部分。参与庆祝活动的人员主要包括来宾100多名，还有52所国立高专的校长、主事、事务部长以及其他相关人员，大家共同庆祝高等专门学校创立10周年，展望美好的未来。

物理学诺贝尔奖获得者，日本学者朝永振一郎博士以《科学与常识》为题进行了纪念演讲；以"高专10年的回顾与未来的展望"为主题进行了公开讨论；让高专教育在教育体系中得到了很好的定位。

（二）高专创设20周年的纪念活动

1981年6月，国专协理事会关于20周年纪念活动，确定了《高专共通英文介绍》《向地域社会介绍和宣传》《国专协的历史》这三个材料的制作，不断推进准备工作。

高等专门学校创设20周年纪念祝贺会是在1982年11月26日，在日本东京农林年金会馆举办的，与会者多数是来宾和与高专的相关者。制作的《国立高等专门学校二十年史》和高专英文介绍资料作为纪念品，对以

后的活动有一定的参考与帮助。

(三) 高专创设 30 周年纪念活动

高专创设的 30 周年纪念活动，已经成为惯例，作为高专发展的重大事件，按照以往的惯例，主要活动包括 30 周年发展史的发刊词，举行庆祝大会的计划等，庆祝活动如期举行。

高等专门学校创设 30 周年的庆祝大会在 1992 年 11 月 26 日于东京农林年金会馆举行，出席者多数是来宾和与高专相关人员。编辑出版了《国立高等专门学校三十年史》，很有纪念意义。

在庆祝活动举行期间，为了提高学生和教师的积极性，国专协理事会会长私自建议设立推进支援事业的财团法人，但是由于设立财团法人的资金难以到位，最终的实施也因此不了了之。

(四) 高专创设 40 周年纪念活动

2002 年，高等专门学校的发展迎来了 40 周年，很遗憾没有举办庆祝大会。编辑出版《国立高等专门学校四十年史》其主要目的就是为了留存记录，所以这本册子只是在 30 周年历史的发展基础上，把后面的 10 年的活动资料进行了汇总，内容和形式都比较简单。

第六章

我国高等职业教育的历程及京津高等职业教育发展现状

经济学家厉以宁教授曾经提到,中国的发展经历了三次突破。第三次突破就是指2003年以后经济增长方式的改变。在此之前,我国的制度和体制已经确定。2003年我们开始转变经济增长方式。从前的增长方式是速度型的而不是效益型的,是粗放型的而不是集约型的。传统的发展观支持和支撑了以往的经济增长。2003年以后,我们逐步做到以科学发展观来指导经济增长。科学发展观与传统发展观的区别之一,传统发展观把GDP(国内生产总值)看成是最重要的,甚至是唯一的,不管是粗放型的还是速度型的,目的只是提高GDP;而科学发展观则不同,科学发展观认为GDP是重要的,但是绝不是唯一的,因为经济增长是基础,必须要发展,但是不能只以GDP为主,也应该重视经济增长的质量①。高质量的经济增长需要高质量的教育培养的高水平高质量的人才。高质量的经济增长需要高质量的职业教育为其保驾护航。

第一节 我国高等职业教育发展概述

在高等职业教育发展过程中离不开政策的指导,各阶段的历史任务不

---

① 厉以宁.大变局与新动力:中国经济下一程[M].北京:中信出版社,2017:4.

同。潘懋元从历史制度主义角度视角，认为在高职教育发展中，分为需要发展、巩固发展、改革发展和深化发展四个阶段[1]。在各个阶段，每次政策出台都有着不同的历史任务，结合新中国成立后各教育标志性事件的发生，将新中国成立后高等职业教育的发展分为四个阶段。

一、初步形成阶段（1949—1976 年）

新中国成立初期，为保障国家经济建设的恢复和发展，各行各业需要初中级技术人才与技术工人指导和恢复行业发展，因此，国家重点将高等专科学校下降到中专学校，大力发展初、中等技术教育。1949 年 12 月召开的新中国第一次全国教育工作会议确立了"以老解放区新教育经验为基础，吸收旧教育有用经验，借助苏联经验，建设新民主主义教育"。《1954 年文化教育工作的方针和任务》中提出的"中等教育和初等教育，都应贯彻全面发展的教育方针，培养社会主义社会的建设者"，为我国职业教育指明了方向。1954 年颁布《中央人民政府国务院关于改进中等专业教育的决定》，决定教育行政体制在中等技术学校方面实行全国统一的管理，1953 年以后，我国的职业技术学校大致发展为中专和技校两种，经过几年的调整和发展，20 世纪 50 年代中后期，我国初步形成了一个以中等专业学校为主体的职教体系。这一时期的职业教育，由于办学模式的变更，中专学校、技校与高等教育分离。但由于教学内容等还是使用原先专科的内容，因此只是形式上的分离，专科的底子依然存在，也为后续高等职业教育的发展，在中专学校中得到了延续。

随后十年，高等教育不仅没有进步，反而出现了倒退的趋势。这期间，我国的半工半读学校和各类职业学校基本被撤销，普通学校几乎是唯一的中等教育机构，这就造成了中等教育畸形发展。

---

[1] 潘懋元，朱乐平. 高等职业教育政策变迁逻辑：历史制度主义视角 [J]. 教育研究，2019，40（3）：117-125.

二、恢复发展阶段（1978—1999 年）

随着改革开放，社会主义市场经济逐步确立，社会对生产第一线的技术、管理和服务人员从数量到质量都提出了新的要求。人们愈来愈清楚地认识到，发展高等职业教育，培养生产第一线的技术应用、技术管理和服务的实用型人才，是我国改革开放、经济发展和社会发展的迫切需要。尤其是一些资金密集、技术密集的行业及经济发达地区，需要大量职业性人才。[1]

1985 年 5 月，《中共中央关于教育体制改革的决定》提出"要大力发展职业技术教育""以中等职业技术教育为重点""同时积极发展高等职业技术院校""逐步建立起一个从初级到高级、行业配套、结构合理又能与普通教育相互沟通的职业技术教育体系"教育方针政策。

1987 年 1 月，第一次全国职业技术教育工作会议提出了"七五"期间全国职业技术教育的发展目标，该目标主要是扩大高中阶段职业技术教育的规模，推行"先培训，后就业"政策，而对高等职业教育没有论述。

1991 年 10 月，《国务院关于大力发展职业技术教育的决定》也仅仅提到，要初步建立起有中国特色的，从初级到高级、行业配套、结构合理、形式多样，又能与其他教育相互沟通、协调发展的职业技术教育体系的基本框架。

1993 年，中共中央、国务院印发《中国教育改革和发展纲要》提出要"形成全社会举办多形式、多层次职业技术教育的局面"。

1994 年，全国教育工作会议明确提出了基本方针："通过现有的职业大学、部分高等专科学校和独立设置的成人高校改革办学模式，调整培养目标来发展高等职业教育。仍不满足时，经批准利用少数具备条件的重点中等专业学校改制或举办高职班等方式作为补充来发展高等教育。"这就

---

[1] 陈宝华. 我国高等职业教育发展历程中的政策法规建设 [J]. 职业教育研究，2005（4）.

是著名的"三改一补"发展高职的方针。高等职业教育受到了高度重视。有关职业教育的这些方针政策，为我国高等职业教育加快发展奠定了基础。

1996年5月，《中华人民共和国职业教育法》第一次把高等职业教育以法律形式固定下来。"职业学校教育分为初等、中等、高等职业学校教育"。高等职业学校教育根据需要和条件由高等职业学校实施，或者由普通高等学校实施。

1998年8月颁布的《中华人民共和国高等教育法》其中第68条规定："本法所称高等学校是指大学、独立设置的学院和高等专科学校，其中包括高等职业学校和成人高等学校。"从此在法律上明确高等职业学校属高等学校，高等职业教育属高等教育。

1998年4月6日（教高〔1998〕1号）关于加强专业结构调整力度，尽快缓解部分科类本专科毕业生供求矛盾的通知中指出，专科教育是我国高等教育的重要组成部分，高等职业院校要积极承担发展高等职业教育任务，以适应经济、科技和社会发展的需要。且教育部要求在1998年内，各地、各部门的教育主管部门要组织力量，在深入调查研究，摸清毕业生供求情况的基础上加快专科专业的调整工作。

随后1999年大学生扩招，虽为高等教育普及率的提升，缓解就业压力，由就业分配转为自主择业，但实际上，高等教育招生的扩招，是以培养高等职业技术人才为主，即提高当前大学生的知识水平和技术能力，延长当代年轻人受教育程度和接受教育时长，从经济学角度看，则为加大对教育的投入来获取更多的社会经济的增长。因此，这一阶段是凸显我国对高等技术人才需求激增的阶段，这一阶段的政策多以支持职业教育的发展，尤其以高等职业教育在立法、保障等层面的发展为主，正符合当下阶段政策发展中的发展需求。

三、改革发展阶段（2000—2018年）

自2000年起，我国经过改革开放二十多年的发展，中国成功加入

WTO，在国际上开展的业务也越来越多，在此阶段对职业技术人才的需求也越来越大，不仅需要简单的操作技术工，也需要知识水平更高，素质和能力更强的高等职业技术人员。因此在此阶段，对于高等职业发展的政策支持有了更新和更详细的内容，我国的高等职业教育也转入改革发展阶段。

在2000年1月17日（教高〔2000〕2号）教育部关于加强高职高专教育人才培养工作的意见中：从高职高专教育人才培养工作的全局看，发展还很不平衡，还存在着办学特色不甚鲜明、教学基本建设薄弱、课程和教学内容体系亟待改革等问题。因此，今后一段时期，高职高专教育人才培养工作以"以教育思想、观念改革为先导，以教学改革为核心，以教学基本建设为重点，注重提高质量，努力办出特色"为基本思路，力争经过几年的努力，形成能主动适应经济社会发展需要、特色鲜明、高水平的高职高专教育人才培养模式。并在课程、教学方法、实习等多方面提出更加具体和详细的要求。

2001年7月1日（教发〔2001〕33号）全国教育事业第十个五年计划中提出调整各类教育之间的比例结构，结构要适应地区产业结构和就业结构变化的需要，要求把各种形式的职业教育与培训有机结合起来，切实落实学业证书和职业资格证书并重的制度，建立职前和在职人员职业培训体系。

2004年4月6日（教高〔2004〕1号）教育部关于以就业为导向深化高等职业教育改革的若干意见中，对人才培养方面提出高职教育要以培养高技能人才为目标，并首次提出积极开展订单式培养，建立产学研结合的长效机制，开启了校企合作培养人才的新方式。

2006年11月，教育部、财政部发布《关于实施国家示范性高等职业院校建设计划加快高等职业教育改革与发展的意见》，该意见针对目前我国高职教育出现的"双师型"教师数量不足、质量保障体系不完善等问题，提出通过建设一批示范性高职院校，推动高职教育的改革与发展。

2007年，又进一步颁布了《国家示范性高等职业院校建设计划管理暂行办法》，这些配套的政策和措施，为建设示范性高职院校工作的开展提供了详细的执行措施，有利于促进国家示范性高职院校的设立。

2010年7月29日，国务院颁布了《国家中长期教育改革和发展规划纲要（2010—2020年）》，其中涉及高等职业教育的改革和规划中，主要包括进一步推进管理体制和办学体制的改革，充分发挥企业和行业在职业教育中的重要作用，构建行业、企业和学校三方协同机制，改革原有的教学模式，加强课程和专业建设，逐步建立校企合作、工学结合和顶岗实习相互衔接的新型人才培养模式，推进职业教育办学向集团化方向发展，推广职业教育两个"三段式"办学模式，深化公立高职院校内部管理体制改革，构建职业教育质量保障体系，施行职业教育和职业资格证书配套制度。也就是从培养方式和管理体制方面进一步构建和完善职业教育质量保障体系。

2011年12月30日教育部关于推进中等和高等职业教育协调发展的指导意见中明确指出：转变经济发展方式赋予职业教育新使命。"十二五"时期国家以科学发展为主题，以加快转变经济发展方式为主线，把经济结构战略性调整作为主攻方向，促进经济长期平稳较快发展和社会和谐稳定。要求职业教育加快改革与发展，提升服务能力，承担起时代赋予的历史新使命。因此，要求各地高职教育和人才培养要适应区域产业需求，津贴产业转型升级，深化教学改革，强化学生素质。

2015年的教育部《关于深化职业教育教学改革全面提高人才培养质量的若干意见》中又将职业教育人才培养提出具体要求。在改善专业结构、加强校企协作育人等方面都做了明确的定义。

2016年12月，教育部、人力资源和社会保障部、工业和信息化部关于印发《制造业人才发展规划指南》的通知，该指南是为积极响应国务院制定的《中国制造2025》计划，该指南对我国制造业的现状进行了描述，提出通过制造业人才供给改革、提升制造业人才素质和技能、建设高水平的管理队伍以及为制造业人才的培养提供良好的环境等方面加快高技能人才的培养。

从完善和提升职业教育管理体系，到推出中国制造2025人才发展规划指南，逐步由深化职业教育改革到转变我国生产制造结构，高等职业教育的发展也逐步成为经济社会发展的重点，也为今后高职发展拓宽道路，提出了更高的要求。

四、内涵发展阶段（2019年至今）

内涵式发展，内涵有两层意思：一层是指一个概念所反映的事物的本质，即概念的内容；另一层是指内在的涵养。对于高校来说，就是注重学校理念、学校文化、教育科研、教师素质、人才培养工作质量和水平等方面建设的工作思路。对于当前的国际形势与经济结构发展来说，内涵式发展也对高等职业院校提出了更高的要求，包括对证书制度发展道路的探索，对"双师制"教师的培养，以及对现代师徒制的理解等。

2019年2月13日，国务院印发《国家职业教育改革实施方案》，该方案明确了职业教育与普通教育属于国民教育体系的重要组成部分，两者同等重要，只有类型的区别；进一步明确了我国职业教育的发展方向；提出了从2019年开始，将启动实施特色高水平高职院校、专业建设计划和"1+X证书制度试点工作"（学历证书+职业技能等级证书），深化产教融合、校企合作，推动办学模式转变，走符合职业教育发展规律的道路。同年，教育部等四部门印发《关于在院校实施"学历证书+若干职业技能等级证书"制度试点方案》的通知，通知中明确具体实施方案，将高等职业教育与职业技能证书进行关联，并以此推动高等职业教育人才培养的发展。

2020年教育部办公厅等六部门《关于做好2020年高职扩招专项工作的通知》中，则对进一步扩大高职教育专项招生有进一步提升，要求在扩大招生范围的同时，也要进一步改革教学模式，提升职业技术人才培养的方式方法，以适应当前我国经济结构转型这一重要历史时刻。

2020年8月，在发展高等职业学校和应用型本科高校的发展进程中，教师作为重要的参与者，推进"双师型"教师的发展对于高等职业教育的推进有着十分重要的作用。8月，教育部转发山东省教育厅关于高职教师工资薪金的文件中明确指出："职业院校、应用型本科高校校企合作、技术服务、社会培训、自办企业等所得收入，可按一定比例作为绩效工资来源；教师依法取得的科技成果转化奖励收入不纳入绩效工资，不纳入单位工资总额基数。各地要结合职业院校承担扩招任务、职业培训的实际情况，核增绩效工资总量。教师外出参加培训的学时（学分）应核定工作量，作为绩效工资分配的参考因素。"这一方案的提出，从教师激励的角度促进了高职教育的进一步发展。

教育部在本月印发了教育部关于印发《国家开放大学综合改革方案》的通知，通知中也进一步就"构建服务全民终身学习的教育体系"短板等问题，理顺体制、创新机制、明确定位、加强统筹，用深化改革的办法破解制约发展的瓶颈问题，整体推进新时代国家开放大学转型发展，提高办学质量，提升学校治理体系和治理能力现代化水平。

2020年11月3日发布的我国第十四个五年计划中明确提出："加大人力资本投入，增强职业技术教育适应性，深化职普融通、产教融合、校企合作，探索中国特色学徒制，大力培养技术技能人才。"报告中还指出，对于人才培养方面，我国要"加强创新型、应用型、技能型人才培养，实施知识更新工程、技能提升行动，壮大高水平工程师和高技能人才队伍"。进一步反映我国高等职业教育要转型、要由快速扩张转向内涵式发展。

从总体情况来看，内涵式发展不再一味地求快求量，而是在构建职业技术育人体系中能够充分适应当前经济体制深化改革的大环境，并能够随着社会对职业技术人才的需求而改变，能够针对更广阔的人群，有更灵活的学制和学习方式，并有着更高的社会认可度。

第二节 我国高等职业教育发展的现状与问题

我国教育制度设计上一个缺陷就是轻视职业教育。新中国成立初期设立的新学制是比较重视职业教育的。当时，我们国家学习苏联的教育，专门建立了职业教育体系。1951年8月10日政务院第97次政务会议讨论通过了《关于改革学制的决定》，颁布了中华人民共和国新学制图。新学制中职业教育包括培养熟练工人的技工学校、培养初级技术人员的中等专业学校、培养高级技师的高等专科学校，以及培养工程师的高等专门学校和大学。这些职业学校培养了大批熟练工人和技术人员，为新中国成立之初的建设做出了巨大贡献。

但是，在"文化大革命"中，把农业中学、技工学校和中等专业学校说成是教育不平等，将其一律砍掉，只留下普通中学，而且缩短学制至四年，是对工农阶级的歧视。这是对我国职业技术教育毁灭性的破坏。"文化大革命"以后，虽然教育秩序逐渐恢复，但是职业技术教育一直都没有被重视起来。20世纪80年代，我国建立了一批职业中学，主要是为一批考不上普通中学的学生准备的，而且专业技术含量极低，大多是为旅店服务业和餐饮业培养员工。因而，在人们的心目中，职业中学低人一等，整个职业教育的名声也被毁坏了。特别是1999年高校本科生扩招以后，我国提出要重点发展普通高中，职业高中再一次萎缩。直到21世纪初，"技工荒"问题影响到了我国制造业的发展，我们才感到职业技术教育的缺失。2005年国务院召开全国职业教育大会，做出了大力发展职业技术教育的决定。经过几年的努力，我国逐渐使高中阶段职业教育与普通教育的结构比例得以优化，逐渐扭转了职业技术教育衰退的局面。

<<< 第六章　我国高等职业教育的历程及京津高等职业教育发展现状

一、北京高等职业教育发展的现状与问题

（一）北京高等职业教育发展的现状

伴随经济发展与产业转型升级，我国逐步开始注重高素质、技能型人才的培养。国家层面的高度关注给予了高等职业教育发展的机会。近年来，北京地区高等职业教育的发展在政策方针的指引下，在学生发展、教育教学、师资队伍建设、国际合作、创新能力培养、就业情况、学生资助方面不断产生着新的变化。

1. 生源方面

近年来，北京市教委对于高等职业教育各环节的工作尤为重视，特别是在招生方面。北京市教委提前布局、精准规划并指导北京市内各大高校开展学生招生工作。目前，北京市职高院校主要通过三方面举措积极完成院校招生工作。首先，招生宣传形式呈现多样化趋势。随着新媒体的发展，越来越多的高校开始利用新媒体与传统媒体相结合的方式开展院校宣传，在使用微博、微信公众号、抖音进行招生宣传的同时，使用各类报刊、电台、电视节目等传播渠道；其次，在生源挖掘方面，北京市职高院校在近年来与高中、中职院校保持紧密联系，通过信息分享，确保生源数量；最后，北京市职高院校在近年来持续推进校企合作订单项目，通过与各个企业间保持沟通交流，高质量地完成了该类项目的招生计划。

截至2021年，北京市高等教育职业学校有449个招生专业数量，招生专业数量平均达到17.27个/校；计划招生人数为27173人，实际录取人数为21242人，实际录取率平均能够达到74.86%；实际报到人数为19949人，新生报到率平均达到90.96%。[①]

2. 教育教学方面

在专业建设方面，北京市高等职业教育院校持续调整与优化专业结

---

① 北京市教育委员会.北京市高等职业教育质量年度报告2022［R］.北京：北京市教育委员会，2022.

构，推进专业升级和数字化改造，不断贯彻并落实《北京市关于深化产教融合提升人力资源质量的实施意见》提出的"坚持学科专业布局与产业结构协同发展，调整优化学科专业结构，建立紧密对接产业链、创新链的学科专业体系"要求。具体做法包括分析北京市产业布局、发展需求、技术需求、人才需求，推进"城教融合"战略的实施，撤销了产业发展禁限目录中所涉及的专业，增设了高精尖产业所需的新兴专业与城市布局中需求紧缺的专业。通过专业的更新，北京市高职院校旨在培养更多能够适应产业升级改造、服务首都定位、契合城市发展战略的人才。北京市高等职业教育对于专业建设方面的思考与改进，以城市需求、产业需求为导向，在一定程度上支撑了城市发展定位，为首都高质量发展做出了突出贡献。以北京劳动保障职业学院为例，在北京市老龄化加剧的背景下，该校通过调整专业种类，重点发展护理、家政服务等专业的建设，填补了社会紧缺人才，与此同时，对于酒店管理、国际商务等，对于高职院校人才需求量相对不大，并与院校学科背景不密切的专业进行了撤销；北京信息职业技术学院着力打造与院校特色、产业发展相符的专业，优先建设在信息化、数字化背景下所需的热门学科，如大数据、人工智能、互联网等。

  在教学管理方面，在高质量发展是北京市高职院校的发展目标。近年来，北京高职院校着力完善自身治理体系和治理能力现代化水平，不断提升办学质量与教学资源。在教师资源方面，北京市目前高职院校的生师比达到14∶9，双师素质专任教师占据41.7%的比例，高级专业技术职务专任教师比例达到41.7%；在课程资源方面，北京市高职院校现有50102门计划内课程，10022门线上课程，平均126.9人/门；在教学设备资源方面，北京市高职院校生均教学科研仪器设备值可达到66149.58元/生。①

  在校企合作方面，北京市高职院校持续深化人才培养模式改革，通过与企业保持密切联系，将校企合作贯穿至职业教育人才培养的全过程。北

---

① 北京市教育委员会. 北京市高等职业教育质量年度报告2022［R］. 北京：北京市教育委员会，2022.

京是中大型企业、高新技术产业的聚集区,得益于首都地区办学的条件,院校拥有先天优势条件。近年来,北京高职院校遵循"产教协同全面育人"要求,在政策支持与推动下,积极与企业展开合作,明确企业在校企合作中的主体地位,并不断改革人才培养模式与育人机制。

在产教融合方面,北京市高职院校自2021年起,不断深化"工程师学院"建设,探索多元化办学体制,通过将优质的社会资源进行重新整合,逐步形成了产教融合双元育人新生态。目前,北京市对于自主创新背景下高精尖产业发展、数字经济下的新业态发展等方面尤为注重,为服务北京市产业发展需求,北京高职院校与校企合作企业协力合作,共同进行与产业需求相契合的专业建设、课程开发、职业技能培训、教学团队建设等内容。截至2021年8月,北京全市已建设了29个工程师学院和13个技术技能大师工作室,覆盖了13所高职院校,以及将近40家企业。以北京劳动保障职业学院为例,该校安全技术与管理专业与北京燃气集团和北京自来水集团两家企业展开了校企合作,企业向学校提供岗位需求,学校就其岗位所需技能设置相应的课程,学生在校学习期间即可通过考试获得企业上岗证书,通过学徒制与订单式人才培养模式,企业可精准获取所需人才,学生则获得就业保障。

3. 师资队伍建设方面

近年来,北京市高职院校师资队伍建设持续遵循习近平总书记关于师德师风的重要论述,并全面贯彻落实了国家关于职业教育师资队伍建设的各项政策,在各方面取得了一定的成就,教师的整体素质呈现了显著的提高,师德师风良好,名师大师队伍建设取得了进展,"双师型"教师队伍质量稳步提升。

北京市近年来通过四项有力举措,构建了一支具有首都特色的"双师型"教师队伍,并建立了长效的发展机制。首先,高职院校会派出青年教师在国家级教师企业实践基地进行实训,通过参与企业的技术研发、培训、岗位实践等环节,获得深度的学习。其次,北京高职院校注重将企业人才（如技术工程师、熟练工人、管理人才等）引入课堂，通过设立产业导师特聘岗的方式，兼职为学生进行授课。另外，北京高职院校注重教师培训工作，通过建立完善的"双师型"教师分级培训模式，有效地协助了教师提升其专业水平，从而更好地完成教学工作。最后，北京市高职院校尤为关注青年教师的发展，各院校以培养青年教师为重点，积极开展与企业的合作，企业实践是青年教师专业发展的平台，是提高其教学水平的有效举措，学校将青年教师输送至各领域的企业内，积累实操技能、提升专业水平并积累教学案例。以北京财贸职业学院为例，该校依托国培基地进行了"双师型"教师专业技能培训。该校聘请企业资深专家，完成了2021年底的数字化管理会计1+X证书师资培训（中级），物流管理1+X证书师资培训（中级），会计专业财务数字化应用培训，金融专业数字金融"双师型"教师培训，通过专家的理论讲授、操作指导、学科探讨等，有效提高了高职院校教师的"双师素质"。该校鼓励教师进入企业实习，并投入了专项经费共计85万元。据北京财贸职业学院提供的数据显示，该校"双师型"教师占据89.81%的比例。[①]

在师德师风建设方面，北京高职院校十分注重提升教师的师德师风水平，近年来通过各类有效举措推动教师职业道德提升，以此形成良好的师德师风局面。在评价教师时，职校将师德师风情况作为评价教师的第一标准，并实行师德"一票否决制"，师德师风考核结果将贯穿于教师职业发展的全过程，与此同时，考核的结果也将作为学校进行教师管理的依据。北京农业职业学院的"五联五通"师德培育模式具有代表性，"五联五通"的具体内容则是学校通过联系五类平台，开展关于师德师风建设的相应活动。第一项活动为双带头人培育项目，该活动依托于依托专业（教研室）党支部平台；第二项活动为师德知识考试竞赛，通过职工之家平台开展；第三项活动为"铸根京郊——我身边的师德榜样"评选和师德承诺活动，

[①] 北京财贸职业学院. 北京财贸职业学院教育质量年度报告[R]. 北京：北京财贸职业学院，2022.

依托教师发展中心平台展开实施；第四项活动为"我最喜爱的教师"评选活动，依托管理育人平台进行；第五项活动名称为发挥"铸根京郊"农职师德精神引领作用，通过社会服务平台完成。

在师资考核评价机制建设方面，北京地区的高职院校近年来在政策的引领下正在逐步建设着一套健全的教师考核评价机制。师资考核评价结果是教师职称评定、职务评定、评奖评优方面最为重要的参考依据，为有效激励教师提升教书育人水平，北京市各高职院校对师资考核评价机制建设的普遍做了如下工作。首先，学校强化了过程评价，以此来更好地分析教师的工作情况。此外，北京市高职院校同样关注教师在师德师风、科研、教学、社会服务等方面的增值评价与综合评价。以北京交通运输职业学院为例，该校在探索多元化、多维度的教师评价模式方面获得了一定的成效。该校在《深化新时代教育评价改革总体方案》的引领下，将学生、教师、企业等设定为评价主体。为更加贴近企业的技能需求，专业需求，学校会邀请企业专家通过听课、考核的方式对教师的教学工作、实操水平进行评价与考核，教师可以通过专家给予的建议，不断改进自己的教学内容、提升自身的实操水平。在该措施的实施下，"双元"评价逐步形成并得到了完善。

除"双师型"教师队伍建设、师资考核评价机制建设、师德师风建设外，北京市高职院校同样关注教师的全面发展。近年来，北京市教委通过师资培训平台，重点培育了教师的信息技术应用能力、课程实施能力、公共课教学能力、访学研修、"1+X"证书种子教师培训这五方面的素质，有效推进了将新时代职业院校教师队伍建设改革，助力了职校师资能力全方位的提升。（图6-1）

```
           ┌─────────────────┐
           │   信息技术应用   │
           ├─────────────────┤
           │   课程实施      │
           ├─────────────────┤
 师资培训平台 →│   公共教学      │→ 教师全面发展
           ├─────────────────┤
           │   访学研修      │
           ├─────────────────┤
           │ "1+X"证书       │
           │ 种子教师培训    │
           └─────────────────┘
```

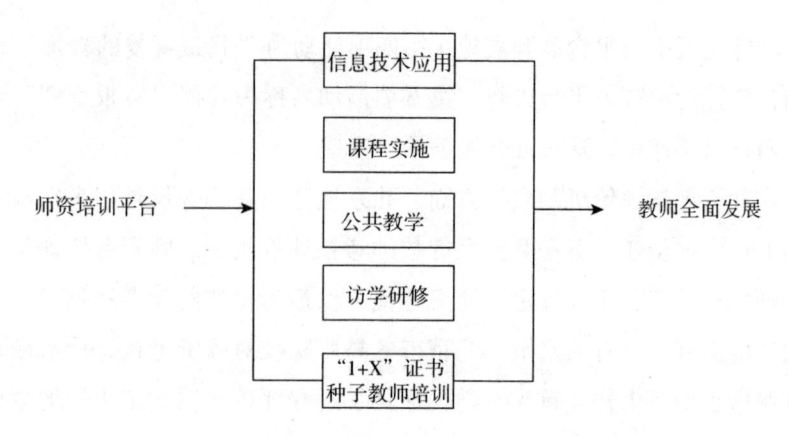

图 6-1　师资培训平台助力教师全面发展发挥的作用

资料来源：根据 2022 年度北京高等职业教育质量年度报告整理。

师资培训平台在助力教师全面发展方面发挥了重要的作用，除此之外，北京市各高职院校还在不断探索着其他新途径，以通过多渠道培养高素质职校师资。首先，北京市越来越多的高职院校开始依托国家级、市级的教师培训基地，开展师资培训工作，得益于基地丰富的培训资源、培训条件、场地设备等，教师的专业能力与综合素质能力得到了显著提升；此外，北京市各高职院校也注重在本校展开师资培训工作，例如进行"信息化教学能力提升""双特高建设培训"等，夯实了教师的理论基础与专业能力。以北京劳动保障职业学院为例，该校建立了教师发展中心，在该中心的支持下，学校通过分级分段的做法，形成了结构化培养平台，精准提升了教师的综合素质。分级分段提升教师素质的具体做法为：将国家级、市级、校级教师组成"三级"教师教学创新团队，将专业带头人、青年骨干、新入职教师组成"三段"梯队培养机制。在三级三段的教师素质提升模式下，多层次的激励保障机制等较为完善的系统培养体系得以建立。

4. 国际合作方面

中共中央办公厅、国务院办公厅在 2021 年发布的《关于推动现代职业教育高质量发展的意见》中提出了打造中国特色职业教育品牌。要推动职业教育走出去，提升中外合作办学水平，拓展中外合作交流平台。① 由于我国的高等教育水平的高速发展，高等职业教育也逐步向世界一流水平靠拢。北京市的高职院校近年来不断拓宽发展渠道，在职业教育国际化的驱动之下，积极开发各类海外办学项目，通过高水平的国际合作，增加了与各个国家沟通借鉴的机会，增强了我国高等职业院校的影响力与国际化水平。

  在海外办学方面，为配合中国企业走出去的需求，北京市部分高职院校持续推进海外办学项目。例如，北京工业职业技术学院在北京市教委的大力支持下，积极打造海外办学项目，如在赞比亚举办的"中赞职业技术学院"、北京信息职业技术学院在埃及举办的"埃中应用技术学院"等境外办学项目，这些项目在课程标准与教学资源方面具有国际影响力，为我国的职业教育国际化办学积累了一定的经验。此外，为响应高质量发展要求，北京市高职院校首创"中文+职业技能"基地。《关于推动现代职业教育高质量发展的意见》中提出，要探索"中文+职业技能"的国际化发展模式。服务国际产能合作，推动职业学校跟随中国企业走出去。北京市积极贯彻落实国家的政策要求，北京工业职业技术学院于2021年与教育部中外语言交流合作中心展开合作，成立了"中文+职业技能"教育实践与研究基地。该基地为全国首家，通过推广国际中文教学，并将其与职业教育融合，助推了世界各地的青年职业发展。"中文+职业技能"教育实践与研究基地采取了校企合作机制，通过各方资源优势互补，吸引了包括院校、政府部门、企业等相关单位的参与。在教学资源方面，该基地开发了"中文+职业技能"；在培训项目方面，基地推出了"中文+职业技能"培训，并建立了"中文工坊"等试点项目；在科研方面，基地发挥了其"中文+职业技能"教育智库作用，同时开展"中文+职业技能"教育理论研究和

---

① 中国政府网. 中共中央办公厅 国务院办公厅印发《关于推动现代职业教育高质量发展的意见》[EB/OL]. [2021-11-10]. http://www.gov.cn/zhengce/2021-10/12/content_5642120.htm.

跨国、跨区域调查研究。[1]

在合作办学方面，北京市高职院校在近年来持续推进高水平国际合作，着力培养国际化高技能人才。以北京工业职业技术学院为例，该校与法国施耐德公司合作共建了中法能效管理应用人才培养和研究中心，也被称为施耐德电气城市能效管理工程师学院。法国施耐德电气拥有全球领先的设备、能效管理技术与行业数据，该企业计划通过运用这些优势条件，为中法能效管理应用人才培养和研究中心提供丰富的行业领先的应用场景模拟数据，以此建立虚实一体的实训基地，持续推动产学研一体化发展与技术技能型人才培养。该中心的建成标志着我国与法国在能效管理研究领域达成了首次的合作，双方以此为开端，在有效地推动了产教融合协同育人、职业教育国际化，拓展了学术交流的空间，并且能够更好地开展创新研究；在促进产业发展领域方面，中心的建成契合了数字化转型的需求，满足了能效管理运行行业对复合化高端技术技能人才的需求，促进了首都智慧城市建设运行和北京市近零碳排放城市建设，有效解决了行业人才结构与供给短板的问题。此外，中法能效管理应用人才培养和研究中心也成了"一带一路"、国际合作等方面的桥梁，是职业教育领域国际合作的典型代表。

在国际交流方面，近年来，北京市教委在职业教育国际化的背景下，积极拓宽与各国职业院校合作的机会，具体体现为开展国际教育服务与成立"丝路工匠"职业院校国际合作联盟。在开展国际教育服务方面，北京市教育委员会、北京市国际教育交流中心于2021年分别主办、承办了"教育服务专题"，作为2021年服贸会八个专题展之一，重点推出了"丝路学堂"国际合作与交流平台和"丝路工匠"联盟两大教育服务品牌。在2021年的北京市国际教育服务成果发布会上，北京财贸职业学院展示了关于在教材研发、专业标准评估认证、教师发展、教学科研、实训系统建

---

[1] 北京工业职业技术学院. 北京工业职业技术学院高等职业教育质量年度报告［R］. 北京：北京工业职业技术学院，2022.

设、相关操作指南与报告撰写等基于国际合作的 10 项国际服务成果,具体包括:推出"十四五"规划新时代行业英语系列教材、发布 UK NARIC 国际专业标准评估认证(金融管理、会计专业)、设立 UKNARIC 北京教师发展中心,与英国中央兰开夏大学签署教学科研合作备忘录、开发服务国家跨境贸易便利化改革的国际贸易单一窗口实训系统、为数字国际贸易(跨境电子商务)行业能力单元和能力标准开发研究报告、为高等职业学校撰写专业教学标准国际化操作指南、为北京市现代服务业人才需求撰写监测报告、围绕智慧财经与数字商贸专业群建设撰写研究报告、为北京市数字金融领域技术技能人才撰写培养改革方案等。北京市高职院校近年来在国际交流方面除了国际服务成果颇丰外,还成立了"丝路工匠"职业院校国际合作联盟。该联盟是在北京市教委的指导下,由北京市丰台区职业教育中心学校于 2019 年牵头成立,目前已有四所高职院校(北京青年政治学院、北京农业职业学院、北京交通运输职业学院、北京工业职业技术学院)加入其中。该联盟通过国际合作联合培养、举办各类技能大赛、开展各种交流活动等途径,为北京市四所联盟院校搭建了高等职业教育国际交流的平台,并基于该平台不断探索国际合作模式,持续促进高水平技能型人才培养与教育资源共享。该联盟的成立还向国际职业教育领域展现了教育治理"中国方案"。"丝路工匠"职业院校国际合作联盟网站平台体现了四种主要用于国际交流的功能,分别为:对外展示宣传功能、中外院校联动交流功能、展示院校国际合作功能、研讨会议国际竞赛功能。平台强大且实用的功能吸引了国内外数十所院校入驻。该平台未来的建设方向主要体现在开展成果转化输出、课程与课程标准建设特色化服务等方面,也将进一步提升院校国际化服务水平,以增强对留学生的吸引力。

5. 创新能力培养方面

在对于高职院校学生创新能力培养方面,北京市教委根据近年来的实际发展情况,正在不断探索更为成熟的创新创业教育体系,持续完善创新创业教育模式,并与此同时为高等职业教育搭建创新创业的平台,积极指导相关的工作。北京市高职院校在政策的指引下，不断提升学生对创新创业精神的认识，并通过竞赛的方式，使学生在实践中深刻巩固了专业知识与技能，有效提升了其创新创业能力。以北京财贸职业学院为例，该校高度重视创新创业教育，通过对各类资源的对接、提供跟踪指导与孵化服务，正在持续推进着一批与国家发展和社会实际需求相契合的创新项目，不断深化思创融合的概念。其中，"逆行守护者"森林消防员应急逃生装置团队项目具有代表性，团队负责人为该校2021届毕业生，该团队在教师指导下所设计的防护装置获得了第七届中国国际"互联网+"大学生创新创业大赛中教赛道金奖。

6. 就业方面

2021年，北京市高职毕业生人数是22187人，就业率为91.7%，毕业生本省就业比例为70.3%。毕业生平均月收入为4888.4元，理工农医类专业相关度为68.5%；母校满意度和雇主满意度分别为94.3%和97.2%；毕业三年职位晋升比例为55.5%；自主创业比例为0.7%。[①] 受近年来疫情的影响，北京市高职院校毕业生的毕业实习和就业面临新挑战。基于现实情况，北京市教委对于毕业生就业问题尤为重视，通过传统媒体与新媒体相结合的宣传渠道，推送就业、创业方面的信息，并发布各类关于职业发展方面的培训活动，积极推动了就业率的提升。此外，疫情原因，近几年北京高职院校招聘会大多在线上进行，北京高校毕业生就业指导中心、智联招聘、职教联盟和人社局共同联合搭建"空中双选会"，针对毕业生职业发展进行各项就业指导工作，包括优化简历、进行面试培训等工作，以帮助毕业生提高竞争力。

二、天津高等职业教育发展的现状与问题

在二十大报告中，习近平总书记强调要实施科教兴国战略，加强现代

---

① 北京市教育委员会. 北京市高等职业教育质量年度报告[R]. 北京：北京市教育委员会，2022.

化建设人才支撑。教育、科技、人才是全面建设社会主义现代化国家的基础性、战略性支撑。要办好人民满意的教育,加快建设高质量教育体系[①]。高质量的教育体系不光包括幼儿园、小学、初中等职业启蒙教育阶段,也包括中等教育中的普通高中教育、中等职业教育阶段以及高等教育阶段的普通高等教育阶段,高等职业教育阶段以及研究生教育阶段。由前所述,可知初等教育阶段后,我国教育的发展体系呈现出职业教育和非职业教育两种模式。这两种模式在教育方式上各有侧重,无孰轻孰重、孰优孰劣之分。2022年教育部发布的《教育部2022年工作要点》在第四项全面提升教育服务能力,为构建新发展格局提供坚强支撑的第21点中提到,要增强职业教育适应性。稳步发展职业本科教育,支持整合优质高职资源设立一批本科层次职业学校。深化产教融合、校企合作,推动职业教育股份制、混合所有制办学,推动职业教育集团(联盟)实体化运作,支持校企共建"双师型"教师培养培训基地、企业实践基地。印发新版专业简介和一批专业教学标准。推进实施《职业学校学生实习管理规定》,加强实习管理。发展中国特色学徒制,推进岗课赛证综合育人。积极推动技能型社会建设,大力营造国家重视技能、社会崇尚技能、人人享有技能的社会环境[②]。综观全部工作要点,全文28次提到职业教育发展,工作要点从立法、国家政策、学校发展、教师培养、教材审定等方面对职业教育加以明确。从二十大报告以及《教育部2022年工作要点》中,我们可以看出,在新时代,国家更加强调高等职业教育发展对国家的建设,对全球发展的重要作用。天津是我国职业教育的先行者,在国际上也有着一定影响。首先,由于

[①] 中华人民共和国中央人民政府.习近平:高举中国特色社会主义伟大旗帜 为全面建设社会主义现代化国家而团结奋斗——在中国共产党第二十次全国代表大会上的报告[R/OL].(2022-10-16)[2022-10-25].http://www.gov.cn/xinwen/2022/10/25/content_5721685.html.

[②] 中华人民共和国教育部.教育部2022工作要点[EB/OL].(2022-02-08)[2022-02-08].http://www.moe.gov.cn/jyb_sjzl/moe_164/202202/t20220208_597666.html.

"洋务运动",在天津发展起了实业教育;其次,天津毗邻北京,有着优越的地理位置和区位优势,能够一定程度上得到国家政策的发展和保障。无论从悠久的职业教育发展历史,还是从优越的区位要素的角度,都在一定程度上给天津职业教育发展以底气。

(一)天津高等职业教育发展脉络回顾

百年来,天津职业教育发展大致经历六个阶段。分别是萌芽阶段、探索阶段、职业教育发展阶段、解放初期中等职业教育发展阶段、改革开放后职业教育体系建构阶段以及新时期职业教育发展阶段。通过查阅资料我们发现,1982年12月,将天津大学化工分校改建为天津职业大学,办学层次为高等专科学校,可以看作天津高等职业教育的发展起点。其中1982年又处于改革开放后。因此,以"改革开放后职业教育体系建构阶段"为界,将以上六个阶段分为两部分进行梳理。萌芽阶段、探索阶段、职业教育发展阶段、解放初期中等职业教育发展阶段这四个阶段为第一部分,侧重梳理天津市职业教育从无到有的过程,不对中等职业教育和高等职业教育加以区分。改革开放后职业教育体系建构阶段和新时期职业教育发展进入新阶段为第二部分,侧重对高等职业教育的发展历程进行梳理。

1. 第一部分:天津职业教育"从无到有"

(1)萌芽阶段

杨惠茹、吴长汉在《天津职业教育发展的历史、特征与趋势》中提到,"天津的职业教育起源于清末洋务运动。1840年鸦片战争的惨败致使中国从此陷入内忧外患之囹圄,一批有识之士为挽救统治危机,开始了以先'自强'而后'求富'为初衷的洋务运动。洋务运动虽以甲午战争的失败而宣告破产,但期间在'师夷制夷''中体西用'思想的指导下引进西方现代技术与装备,创办了一批企业、工厂,为后期实业教育的发展奠定了基础。天津作为最早的通商五口之一,也发展了一批近代工业和技术教育机构,其中,1876年在天津机器局内设电器和水雷学堂,招募学生培养

'制雷'技能，这可视为天津最早建立的职业教育机构。"[1] 在洋务运动中以及当时清政府的相关政策的推动下，一批仁人志士在一些国家急需发展的行业中培养技术型学生，发展职业教育，这为天津职业教育的发展奠定了基础。

（2）探索阶段

随着社会实业的发展，天津逐步开办起"实业学堂"，1903年实业家、教育家周学熙和北洋政府提议创办"北洋工艺学堂"培养工科人才，为天津职业教育发展做出重要贡献。1906年天津开办了天津中等商业学堂，是天津最早的商业学校。1911年辛亥革命爆发后，天津建立了17所学堂，包括工业、商业等方面的学堂。探索阶段实业学堂的发展无不跟当时的社会环境和社会发展现状有关。同时，当时从各方面"百花齐放"的实业学堂发展状况也为天津职业学校的发展打下基础。

（3）职业教育发展阶段

李金华提道："1922年，民国教育部颁布《学校系统改革案》，史称'壬戌学制'，这是继1912年的'壬子癸丑学制'后民国政府颁布的第二个教育法令。与以前学制相比，'壬戌学制'将'壬子癸丑学制'中设立的甲种与乙种实业学校酌改为职业学校，'职业学校'的名称从此正式出现。"[2] 在1928年天津特别市成立，政治、工商业发展良好的条件下，职业教育也得到了发展。该阶段，天津职业教育的发展表现为，女子职业学校数量增多、职业培训日益发达、公立职业学校开始出现。在这一时期，虽然天津职业教育发展呈现出全面性、多样化的特点，但由于当时处于一个动荡的社会，社会无法给天津职业教育的发展一个安全稳定的条件。但当时职业教育的普及化也为天津乃至国家职业教育的发展做出了自己的

---

[1] 杨惠茹，吴长汉．天津职业教育发展的历史、特征与趋势［J］．南方职业教育学刊，2018，8（4）：1-6，13．
[2] 李金华．天津职业教育百年发展历程及经验［J］．职业教育研究，2021（11）：91-96．

努力。

（4）解放初期中等职业教育发展阶段

李金华提道："新中国成立后，党对旧社会所有的社会教育进行了接管、改造和发展""当时职业教育主要为两种办学类型：一是培养中级技术、管理、艺术、师范人才的全日制中等专业教育，毕业生属干部编制；二是为工厂培养技术工人的技工教育。"① 由于当时国家政策影响，在职业教育方面，天津也参照苏联职业教育的办学模式。而后在1958年，党中央也选定天津为试点地区开办"半工半读"的职业教育模式。所谓"半工半读"是指学生在读期间一半时间用于学习理论知识，另一半时间用于去工厂实习。这种"劳学结合、以劳养学"的方式一方面缓解教育经费的压力，另一方面，让学生们从劳中学，培养其动手能力，培养了技术性人才。

2. 第二部分：天津职业教育实现体系化发展

（1）改革开放后职业教育体系建构阶段

李金华提道："职业教育体系建设形成纵横两条建设路径：一是从初等到高等的学历体系，二是职普融通、教育部门与行业部门合作的办学体系。这是新中国成立以来首次将职业教育体系建设问题上升到政策高度，从而拉开大力发展职业教育的序幕。"② 在这一时期天津职业教育的发展重点在于发展中等职业院校、发展高等职业教育、坚持行业企业办学。李金华在《天津职业教育百年发展历程及经验》中还提到，现今，天津的职业院校90%以上隶属行业或企业主管，从而保证了天津职业教育"工学结合"体系的良性运转，这也成为天津职业教育的一大特色。改革开放后，天津职业教育中有三所学校值得一提。一是天津市工程师范学院（现名为

---

① 李金华. 天津职业教育百年发展历程及经验［J］. 职业教育研究，2021（11）：91-96.

② 李金华. 天津职业教育百年发展历程及经验［J］. 职业教育研究，2021（11）：91-96.

天津职业技术师范大学），该学校是全国第一所专门培养职业教育师资的院校。二是在1982年由天津大学化工分校改建而来的天津职业大学，办学层次为高等职业院校。李霞在《当代天津高等职业教育发展脉络概述》中对天津职业大学的介绍为："天津职业大学是天津市政府为迎接新技术革命的挑战，在高等教育领域进行宏观结构调整后建立的新型高校；是培养服务于生产、建设、管理、服务第一线高等应用型人才的高等职业技术院校，是最早举办高等职业技术教育的天津市普通高校。"三是天津中德技术应用大学。中德应用技术大学是天津中德现代工业技术培训中心的前身。

（2）新时期职业教育发展进入新阶段

随着国家的发展以及战略政策的提出，天津的职业教育发展有了新进展。黄立志曾提道："2005年全国首个国家职业教育改革试验区在天津创办一定程度上彰显了天津在全国职业教育领域的地位。2006年天津大学职业教育学博士点获批，这标志着天津市在国内率先建立起了完善的现代职业教育体系。这在当时是全国唯一，标志着我国现代职业教育体系的初步建立""2008年6月28至30日，天津举办了首届全国职业院校技能大赛，一年一度地一直持续到现在。"① 政策方面，进入21世纪以来，国家加速实现职业教育现代化。2005—2020年间，教育部推动地方政府围绕职业教育体制机制改革创新和先行先试，为全国职业教育改革发展创造经验，确定天津为全国首个"国家职业教育改革创新试验区"（2005—2010），之后升级为唯一的"国家职业教育改革创新示范区"（2010—2015）和"国家现代职业教育改革创新示范区"（2015—2020），并于2015年7月在天津成立全国职业教育改革创新试验区（示范区）联盟并将秘书处设置于天

---

① 黄立志.改革开放40年：天津高等职业教育发展述评［J］.天津教育，2019（28）：5-8.

津。① 后来，随着教育的发展、政策的倾斜，天津的职业教育也有了很多新形式，如产学融合发展、职业教育协会创立、集中办学聚集效应等。这些高等职业教育发展举措，不光推动了教育发展，同时也推动了国家发展。综上所述，纵观天津近百年来职业教育发展经过，经历了从无到有、从有到优的过程；经历了从实业学堂到实业学校，从实业学校到职业学校，从职业学校细化为中等职业学校和高等职业学校的过程。职业教育的发展离不开当时时代环境的变化，和当时的政策、经济的发展有着紧密的联系。一个稳定的社会环境、良好的经济环境，一定程度上促进天津职业教育的发展。随着职业教育的发展，随着一些社会行业、社会功能的细化，职业教育也更为细化，现在，高等职业教育的发展不仅和产业融合，同时也和本科教育、研究生教育一同发展。

（二）天津职业教育发展现状

2022年8月19日至20日，在天津召开了世界职业技术教育发展大会。这次大会有来自123个国家（地区）的政府机构、国际组织、行业企业、学校、研究机构代表出席了大会，围绕"后疫情时代职业技术教育发展：新变化、新方式、新技能"的主题进行深入交流、广泛探讨。结合代表的观点、意见和建议，大会形成《天津倡议》②。天津市教委主任荆洪阳评价此次世界职业技术教育发展大会为"职业教育在天津大有可为、大有作为"。同时，荆洪阳主任指出："本届大会呈现六个特点即规格高、规模空前、内容丰富、主题鲜明、权威性强、影响深远。"③ 这场职业教育发展的盛会在天津召开，一方面是对天津职业教育发展的一种肯定，另一方面

---

① 天津日报. 天津职业教育综合改革十五年综述 [EB/OL].（2022-08-16）[2022-08-16]. https：//jy.tj.gov.cn/JYXW/TJJY/202011/t20201106_4042651.html.

② 中华人民共和国教育部. 世界职业技术教育发展大会发布《天津倡议》[EB/OL]. （2022-08-20）[2022-08-20]. http：//www.moe.gov.cn/jyb_xwfb/gzdt_gzdt/s5987/202208/t20220820_654230.html.

③ 中华人民共和国教育部. 天津市教委主任荆洪阳：职业教育在天津大有可为、大有作为 [EB/OL].（2022-08-17）[2022-08-17]. http：//www.moe.gov.cn/fbh/live/2022/54701/mtbd/202208/t20220818_653644.html.

也体现了天津职业教育的发展在全国有可推广学习之处。

分析天津职业教育的发展状况，可以从内部和外部两个方面进行阐述。

1. 内部因素

（1）政策支持

第一，服务京津冀协同发展。

《天津职业教育综合改革十五年综述》中提道："突出顶层设计、加强合作框架设计。"2014年7、8月间，三地职业教育领域进行深入沟通，形成职教战略合作框架，初步奠定京津冀职业教育协同发展的交流合作基础；2015年5月，津冀两地签署《天津市河北省关于加强津冀两地职业教育与职业培训合作协议框架》，搭建产教对接平台，鼓励支持有条件的优质职业院校到相应的产业转移地开展跨区域联合办学，组建跨区域职教集团，积极推进两地现代职业教育体系的构建与发展；2018年5月，天津市教委与雄安新区管委会签署合作协议商定协助雄安构建高素质技术技能人才培养培训体系。

为加强科研教研联盟平台建设，2016年2月三地签署《京津冀职业教育协同发展科研组织合作协议》并成立"京津冀职业教育协同发展研究中心"，设置京津冀三个研究分中心；科研先行，教研紧随，2016年10月三地发起成立京津冀职业教育教学协同发展联盟，启动教学领域的协同发展，成立以后，每年召开一次专题研讨会议。① 京津冀三地协同发展也为京津冀职业教育协同发展提供了一个发展平台和发展空间，一方面对社会拉动了经济发展，促进了就业；另一方面为学生的专业发展锻炼交流提供了平台。

第二，服务脱贫攻坚战略。

《天津职业教育综合改革十五年综述》中提道："东西协作进程中，天

---

① 天津日报.天津职业教育综合改革十五年综述［EB/OL］.（2022-08-16）［2022-08-16］.https：//jy.tj.gov.cn/JYXW/TJJY/202011/t20201106_4042651.html.

津依托职业教育示范区的整体优势，与教育部共同揭牌'国家中西部地区职业教育师资培训中心'，并以之为中心不断构建起'区域系统援建、品牌整体输出、专业结对共建、师资轮岗培训、学生订制培养'等五种有效的职业教育帮扶西部的模式。在针对西部师资进行培训时，为增强有效性和针对性，总结与实施了'标准化教授、定制化传授、岗位化实授、转岗化精授、跟踪化讲授'等'五授'方式，力求将外部'输血'式扶贫与内部'造血'式脱贫结合起来，激发中西部职业教育发展的内生动力。具有区域职业教育特色'一中心、五模式'的精准扶贫在实践中产生了重要的影响，也对对口区域切实地产生了长远的支持。区域职业教育对口帮扶需要充分发挥比较优势，面对新疆、西藏、青海、甘肃、河北、云南、长春等地职业教育不同需求时，天津充分发挥职业教育优势资源，不断实践，持续总结，形成从'理念先行'到'示范共享'，从'自主行动'到'高位推动'，从'分散援助'到'全方位援助'，从'挂职支教'到'整体输出'的多个方面的有效尝试与做法。不断地形成一条'脱贫攻坚，职教帮扶'——全方位服务于中西部地区职业教育发展的天津之路[①]。"在职业教育发展过程中，天津结合乡村振兴战略，在职业教育发展的过程中也兼顾了扶贫工作，不仅用发展中的职业教育模式为贫困地区的职业教育发展道路做示范，而且积极地"授人以渔"，为国家脱贫攻坚做出了重要贡献。

第三，对接天津产业发展。

《打造新时代职业教育创新发展标杆学校的几点思考——以天津职业大学为例》提道："基于天津市'一基地三区'城市功能定位""基于津城、滨城，双城发展以及国际消费中心城市建设，主动对接天津市十二条重点产业链、各人才联盟，调研天津发展重点领域、产业分布和市场规模，详细分析相关职业岗位需求、技能需求及从业人员现状，根据业态变

---

① 天津日报．天津职业教育综合改革十五年综述［EB/OL］．（2022-08-16）［2022-08-16］．https：//jy.tj.gov.cn/JYXW/TJJY/202011/t20201106_4042651.html．

化、产业升级和技术变革,遵循组群逻辑,组建相互关联、有机聚合的专业集群。"① 从天津职业大学的专业建设与产业发展的紧密联系可以看到,专业建设与地方政策之间是相辅相成的关系。地方政策为职业教育发展方向提供了导向,职业教育专业设置也紧随政策发展方向,促进地方乃至国家经济建设、社会建设。

(2) 产教融合

第一,产教融合与五业联动。

天津紧紧围绕"1+3+4"现代产业体系,构建现代职业教育体系,形成了五业"联动"办学模式。其中"1+3+4"现代产业体系,1 是指智能科技产业,3 是指生物医药、新能源、新材料三大新兴产业,4 是指航空航天、高端装备、汽车、石油石化四大优势产业;五业是指产业、行业、企业、职业、专业。

《我市职业教育十年探索发展写就"天津经验"》中提道:"在推动五业联动办学中,学校持续进行体制机制创新,充分放权,发挥学院和企业各自优势,对实施有力、成果显著的学院,在专项经费预算、设备购置等方面予以倾斜。天津奥展化工科技有限公司是国家级高新技术企业,主要为炼油、石化等企业提供先进的化工分离方案和科研设备研发。作为一家研发企业,奥展化工对人才的需求很大,从 2012 年开始,企业就与天津职业大学生物与环境工程学院合作,通过顶岗实习、订单班等模式,学院每年都有十多名毕业生输送到企业工作,助力企业发展。"② "十年来,我市先后成立 7 个市级行业职业教育教学指导委员会,组建了 31 个产教融合职业教育集团,涌现出以 360 网络安全产业学院、国家动漫园产业学院、鲲鹏产业学院、模具产业学院等为代表的一批职业学校混合所有制改革典

---

① 刘斌. 打造新时代职业教育创新发展标杆学校的几点思考——以天津职业大学为例[J]. 天津职业大学学报,2022,31 (2):3-11.
② 天津教育报刊社. 我市职业教育十年探索发展写就"天津经验" [EB/OL]. (2022-09-28) [2022-09-28]. https://jy.tj.gov.cn/JYXW/TJJY/202209/t20220928_5998077.html.

型案例，为服务区域经济社会发展奠定了坚实的人才基础。统计数据显示，目前天津高职专业对接天津主导产业设置专业点660余个。近五年间，天津职业院校累计培养合格毕业生超26万人，留在本地就业人数约占58%，技术服务产生的经济效益2.2亿元。"①

《天津职业教育综合改革十五年综述》中提到，天津先后组建20余个行业职业教育教学指导委员会，强化行业在职业教育发展中的作用，旨在形成联动机制；建立了20多个多类型"集约化、规模化"的职教集团，旨在搭建联动平台；瞄准主导产业、新型战略型产业结构调整推动院校专业建设，旨在建设联动专业组群；实施职业院校优质教学资源建设工程，旨在打造联动精品课程；对接国际工艺流程，旨在建立联动教学标准。"五业联动"是新时期深化职业教育产教融合一种有效的思路和模式。②

《我市入选国家职业教育改革成效明显激励名单》中提到天津职业教育探索形成的"五业联动"机制，更加强调政府主导、统筹，行业企业参与、指导、评价，职业院校培养，研究机构支撑、服务，五方权责清晰、定位明确。近年来，天津市职业教育吸纳行业龙头企业，先后推动成立了电子信息、生物医药、养老等7个市级行业指导委员会，组建28个产教融合职教集团。天津医学高等专科学校牵头，联合京津冀三地18家卫生职业院校、医疗机构、企业，成立京津冀卫生职业教育协同发展联盟，合作提高人才培养质量，促进区域卫生事业、健康产业和养老服务产业发展。天津海运职业学院也发挥自身优势，作为华北地区重要的海船、船员教育培训基地，为行业技术技能人才提供贯穿职业生涯发展的终身培训。为助力雄安新区发展，市教委还与雄安新区管委会签署合作协议，协助雄安构建

---

① 天津教育报刊社. 我市职业教育十年探索发展写就"天津经验" [EB/OL]. (2022-09-28) [2022-09-28]. https：//jy.tj.gov.cn/JYXW/TJJY/202209/t20220928_5998077.html.

② 天津日报. 天津职业教育综合改革十五年综述 [EB/OL]. (2022-08-16) [2022-08-16]. https：//jy.tj.gov.cn/JYXW/TJJY/202011/t20201106_4042651.html.

高素质技术技能人才培养培训体系。①

产教融合与五业联动结合是基于天津的工业发展基础和产业优势探索出的一种符合职业教育发展的"天津模式"。不仅促进了产业发展，解决了行业中"卡脖子难题"，拉动了天津经济发展，同时也全方位对学生进行培养。

第二，产教融合与"两不变一不减"政策。

《天津职业教育综合改革十五年综述》提到天津作为职业教育试验区，实施了"两不变一不减"政策。明确实施"各个学校继续依托行业、企业管理的体制不变，财政性教育经费的渠道不变，经费额度不减，由教育部门加强统筹规划和宏观管理"的政策，有效确保行业企业办学体制不变的前提下，财政经费支持丝毫没有减少，这成为我国现代职业教育改革发展中的一条基本经验。②

该政策由于财政经费支持丝毫没有减少，使得学校的发展有经费保障，从而使职业教育学校办学没有了后顾之忧。这样，学校的校领导和教师则可以心无旁骛的传授学生以知识，从而促进教学质量提高。

第三，产教融合与"两完善、一增长、一加强"政策。

《天津职业教育综合改革十五年综述》提到在"两不变一不减"体制基础上，天津适应产教融合新要求，破解区域职业教育发展难题，持续完善对行业企业办学业绩政绩的考核制度，明确行业企业院校发展责任，特别是建立行业企业与教育行政部门协商机制；③"两完善、一增长、一加强"从学校治理角度规定了学校的绩效考核制度、校领导选举制度等。这

---

① 天津教育报刊社. 我市入选国家职业教育改革成效明显激励名单［EB/OL］.（2022-03-18）［2022-03-18］. https://jy.tj.gov.cn/JYXW/TJJY/202203/t20220318_5832534.html.
② 天津日报. 天津职业教育综合改革十五年综述［EB/OL］.（2022-08-16）［2022-08-16］. https://jy.tj.gov.cn/JYXW/TJJY/202011/t20201106_4042651.html.
③ 天津日报. 天津职业教育综合改革十五年综述［EB/OL］.（2022-08-16）［2022-08-16］. https://jy.tj.gov.cn/JYXW/TJJY/202011/t20201106_4042651.html.

样的政策在一定程度上预防了学校办学效率不高、教师教学质量弱等问题，从制度方面为高等职业院校发展提供保障。

综上所述，我们可以看到，"两不变一不减"政策和"两完善、一增长、一加强"政策分别从经济方面和制度方面对高等职业院校发展保驾护航。

第四，产教融合与产教城融合。

《天津职业教育综合改革十五年综述》提到，"从2019年起，在部分省、自治区、直辖市以及计划单列市，试点建设首批20个左右产教融合型城市。适时启动第二批试点，将改革向全国推开。试点城市应具有较强的经济产业基础支撑和相对集聚的教育人才资源，具有推进改革的强烈意愿，推出扎实有效的改革举措，发挥先行示范引领作用，确保如期实现试点目标。"① 首先，天津有着较为雄厚的工业基础。其次，天津有着悠久的职业教育发展历史。再次，天津有着优越的区位优势。这三点综合起来，为天津建设产教融合型城市提供了强大的底气和支撑。

陈淑梅在《高质量发展背景下产教城融合发展路径探析——以天津市为例》中提到天津同步规划产教融合与经济社会发展，统筹职业教育与区域发展布局，促进高等教育融入国家创新体系和城市高质量发展建设。天津推动各院校建立紧密对接产业链、创新链的学科专业体系，促进天津市产教城融合发展。以天津开放大学为例，天津开放大学创新"全要素融合的产教融合"新模式，与天津市跨境电子商务协会、天津津贸通国际贸易集团开展"校行企政研"合作，共同成立天津开放大学跨境电商学院。2020年，天津开放大学跨境电商学院完成校企改革，成为天津市首家混合所有制产业学院，其以创办一个学院、服务一个产业为人才培养目标，以政府推动、校企合作、系统建设为抓手，根据产业用人需求，倒推人才培养方案，通过学历教育、职业培训、就业见习、创业指导及项目孵化等服

---

① 天津日报. 天津职业教育综合改革十五年综述［EB/OL］.（2022-08-16）［2022-08-16］. https://jy.tj.gov.cn/JYXW/TJJY/202011/t20201106_4042651.html.

务，探索服务区域产业发展及人才培养路径；通过两园双平台四基地（校园+产业园、跨境电商综合服务平台+直播电商平台、创业孵化基地+见习基地+高校实训基地+海外实习基地）的建设，将"学校+企业"双主体贯穿育人全过程，将"业务知识能力+职业情景+企业项目"全职场能力渗透，使"校内实训+岗位见习+创业孵化"相结合。天津开放大学跨境电商学院目前已与百十余家企业和20多所高校建立了合作关系，将教育链、人才链、创新链和产业链贯通融合，为京津冀地区跨境电商产业人才培养和产业聚集提供"天津方案，为当地企业发展提供技能型和应用型人才支撑，助推京津冀地区经济共同发展"①。这样，一种产教城融合的职业教育发展方式在一定程度上推动了城市发展，同时也给学生发展提供了平台，使其在练中学，帮助学生更好地和产业接轨。

（3）人才贯通

第一，高等职业院校的发展变迁。

关于高等职业院校和本科院校合并。以天津科技大学为例，天津科技大学泰达校区位于天津市滨海新区开发区第十三大街29号。该校区分为中院和西院两块。两院中间一条主干路之隔。中院自2002年天津科技大学搬至滨海新区时就是天津科技大学的土地。而西院是在2015年由天津开发区职业技术学院合并而来。合并后，天津科技大学建设应用文理学院。该学院包括机械类、计算机类、经管类等专业。该案例为高等职业院校和本科院校合并案例。

关于高等职业院校升格。1985年中国和德国合作建设国家示范性高职院校为天津中德职业技术学院。经过近40年的发展，在2016年升格为天津中德应用技术大学。而后，2021年天津中德应用技术大学的机械专业获批招收专业学位硕士研究生。该案例为高等职业院校发展较好的典型案例。中德从高职院校到本科院校再到能够获批招收专业学位研究生，体现

---

① 陈淑梅. 高质量发展背景下产教城融合发展路径探析——以天津市为例［J］. 天津电大学报，2022，26（3）：70-75.

了国家对高等职业院校发展的重视，也体现了高职和本科到研究生阶段的"教育立交桥"建设。

第二，"中高本硕"贯通式人才培养体系。

高职+本科联合培养模式。《我市职业教育十年探索发展写就"天津经验"》中提到，"天津职业大学探索实施高职与本科四年制联合培养模式，十年间，天津职业大学依托优势专业和办学特色，先后与天津科技大学、天津商业大学、天津职业技术师范大学、天津理工大学联合开设的7个应用型本科专业，与学校开设的11个3+2分段培养专业、2个五年一贯制培养专业一起，构建起贯通中高本培养体系，不断推进职业院校人才培养向纵深发展。"[①] 以天津科技大学和天津职业大学联合培养项目为例，天津科技大学和天津职业大学有包装工程、化学工程与工艺、物流管理三个联合培养项目。联合培养项目是指，在四年学习期间，学生全部在天津职业大学完成学习，课程内容由天津职业大学和天津科技大学教师共同教授。毕业时颁发天津科技大学学位证书。这样一种培养方式使得学生可以理论与实践相结合，既能掌握理论知识，又能培养实操能力，促进学生全面发展。

第三，书证"融通"式教育。

《天津深化职业教育产教融合》中提到天津市于2019年正式启动实施"1+X证书"制度试点工作，推进学历教育与职业培训相结合，促进书证融通，深化复合型技术技能人才培养培训模式和评价模式改革[②]。"1+X证书"制度中，"1"是指学历证书，"X"是指若干技能证书。《我市入选国家职业教育改革成效明显激励名单》中提到，我市入选国家职业教育改革成效明显激励名单天津市职业教育紧密对接支柱产业，开发具有天津特色

---

① 天津教育报刊社.我市职业教育十年探索发展写就"天津经验"[EB/OL].（2022-09-28）[2022-09-28].https://jy.tj.gov.cn/JYXW/TJJY/202209/t20220928_5998077.html.

② 天津日报.天津深化职业教育产教融合[EB/OL].（2022-03-07）[2022-03-07].https://jy.tj.gov.cn/JYXW/TJJY/202203/t20220307_5822183.html.

的职业技能等级证书，积极争取进入国家职业技能等级证书目录，通过加强社会培训评价组织建设、证书考培站点建设、标准开发和证书应用，扩大职业技能等级证书的影响力①。《我市职业教育十年探索发展写就"天津经验"》中提到天津滨海职业学院积极对标相关证书的标准，完善专业人才培养的既有模式；天津市第一商业学校灵活利用翻转课堂、混合式教学等手段，对日常教学与证书培训进行一体化设计，各试点院校深入把握职业技能等级证书考核内容及要求，积极优化课程设置和教学内容，将证书标准有机融入教学体系，实现课程教学对证书内容和标准的全覆盖。将专业课程与X证书衔接，以教学过程对接生产过程，形成"课程—教师—实训—实践"相衔接的全流程教学过程，循序渐进地提升人才培养质量及学生就业能力，最终达到为企业培训合格技能人才的目的②。

第四，"双高计划"发展。

"双高计划"是指中国特色高水平高职学校和专业建设计划。2019年4月，教育部、财政部发布《关于实施中国特色高水平高职学校和专业建设计划的意见》，提出要集中力量建设50所左右高职学校和150个左右高水平专业群，带动职业教育持续深化改革，强化内涵建设，实现高质量发展③。《我市职业教育取得新进展》中指出，"双高计划"发展条件下，天津市遴选确定20所高职和37个专业群（含国家"双高计划"项目）开展市级"双高"建设，遴选确定21所中职和28个专业群开展市级"双优"建设，将919个重点建设任务纳入项目库管理。开展职教师资培训，师资队伍建设不断优化，3个团队入选第二批"全国高校黄大年式教师团队"，

---

① 天津教育报刊社. 我市入选国家职业教育改革成效明显激励名单［EB/OL］. (2022-03-18)［2022-03-18］. https：//jy.tj.gov.cn/JYXW/TJJY/202203/t20220318_5832534.html.

② 天津教育报刊社. 我市职业教育十年探索发展写就"天津经验"［EB/OL］. (2022-09-28)［2022-09-28］. https：//jy.tj.gov.cn/JYXW/TJJY/202209/t20220928_5998077.html.

③ 魏文静. "双高计划"背景下"双师型"教师队伍建设方略［J］. 汉江师范学院学报，2022，42（5）：112-116.

8个团队入选第二批国家级职业教育教师教学创新团队。"双高计划"的发展体现了国家更加重视职业院校。

第五，全国职业院校技能大赛的助力。

天津市在2008年举办首届全国职业院校技能大赛，而后每年一届。全国职业院校技能大赛的举办激发了学生学习积极性。形成了"人人都参与，专业大覆盖，层层有选拔"的局面[①]。《职业教育综合改革十五年综述》中提到，天津作为大赛的发起者、主办方和主赛区，为大赛的形成发展和顺利举办起到了不可或缺、不可替代的历史性重要作用。2005年，教育部在天津设立"国家职业教育改革试验区"，并明确提出："扩大职业技能大赛的影响力，由天津市和教育部每两年共同举办一次全国职业院校学生职业技能大赛，引导职业院校强化对学生的技能训练。"2007年8月23日，教育部和天津市人民政府召开了试验区工作领导小组会议，研究确定实施"每年举办全国职业院校技能大赛"重大举措。教育部和天津市人民政府共同决定，从2008年起，每年由教育部和天津市人民政府等部门共同在天津举办大赛，向全社会展示实用性技能型人才培养成果。这一年，天津被确定为大赛的主赛场和永久举办地。从2008年至2018年，天津作为大赛主赛场，连续举办大赛开（闭）幕式，党和国家领导人作出重要批示或出席仪式并发表讲话。2008—2011年前4届大赛，天津不仅是主赛区而且是总赛区，所有的国赛项目都在天津举办。2012年以后，大赛除设立天津主赛区之外，开始设立分赛区。天津主赛区赛项承办数历年均为全国之首，体现了主赛区的主体地位和作用[②]。天津的主赛区地位、2008至2018年开（闭）幕式，党和国家领导人作出重要批示或出席仪式并发表讲话都体现了国家对于全国职业院校技能大赛的重视程度，也体现了天津在全国

---

① 黄立志. 改革开放40年：天津高等职业教育发展述评[J]. 天津教育，2019（28）：5-8.

② 天津日报. 天津职业教育综合改革十五年综述[EB/OL]. （2022-08-16）[2022-08-16]. https://jy.tj.gov.cn/JYXW/TJJY/202011/t20201106_4042651.html.

高等职业教育中的地位。

第六,中国特色现代学徒制发展。

《中国职业教育发展白皮书》指出"十三五"期间,分三批在全国布局了558个现代学徒制试点,覆盖职业学校501所,1000多个专业点,惠及10万余名学生;先后在22个省启动企业新型学徒制试点工作,试点企业158家,培养新型学徒制企业职工近2万人,其中转岗职工超过3670人。其中,学徒制人才培养模式在天津改革深入推进,开展教育部现代学徒制试点17个[①]。《海鸥现代学徒制:基本策略与创新突破》中提到天津海鸥表业集团有限公司(以下简称"海鸥")联合同属一个集团的天津现代职业技术学院(以下简称"学校"),于2007年开始实行"学校培养2年+企业顶岗实习1年"的订单培养模式,以破解钟表企业快速发展与技术工人培育市场空白之间的矛盾。海鸥现代学徒制从校企育人方式的改革试验发展成了整个钟表行业技术技能人才培养标准化模式。海鸥现代学徒制通过"六双"即双主体、双身份、双导师、双基地、双评价、双证书,"六订"即定协议、定标准、定师傅、定岗位、定项目、定等级制定了全面对教学的保障体系,保证了高质量的教学与人才培养模式,也开创中国特色现代学徒制核心标准[②]。

2. 外部因素

(1)首创"鲁班工坊"

《鲁班工坊 为世界贡献职业教育"天津方案"》中提到,鲁班工坊是天津原创并率先实践的中外人文交流知名品牌,是中国职业教育国际化发展的重大创新成果。2016年,由天津渤海职业技术学院建设的泰国鲁班工坊揭牌成立。这是我国在海外设立的首个鲁班工坊。随后,天津职教海外

---

① 今晚报. 我市职业教育交出亮眼成绩单[EB/OL]. (2022-08-19)[2022-08-19]. https:https://jy.tj.gov.cn/JYXW/TJJY/202208/t20220819_5962641.html.
② 褚建伟,易艳明. 海鸥现代学徒制:基本策略与创新突破[J]. 职业技术教育,2019,40(8):6-12.

布局的脚步逐渐加快。天津已在 19 个国家建成 20 个鲁班工坊，并在海外建立起从中职到高职再到本科、从技术技能培训到学历教育全覆盖的职业教育输出体系。截至目前，共开展学历教育 3000 余人，面向中资企业、合作国当地企业开展培训超过 10000 人。鲁班工坊，已经成为中国职业教育走向世界的"国家名片"[1]。"一带一路"政策的出台为"鲁班工坊"的建立提供了政策支撑，该项目的发展，促进了中国经济的发展，促进了中国高等职业教育的"走出去"，传播中国高等职业教育文化，提高了天津职业教育在国际中的知名度、影响力。最重要的是，"鲁班工坊"的建立促进国与国之间民心相通、助力各国发展做出"中国贡献"[2]。综上所述，天津的高等职业教育发展做到了和国家重大发展战略、发展政策相结合；结合天津的产业优势、职业教育发展优势做到产学研结合、产学城结合；结合天津本地区位优势、教育区位优势发展多种职业教育新思路，走出了中国高等职业教育的"天津模式"。也通过"鲁班工坊"展现了中国职业教育的"国家名片"带动"一带一路"沿线国家发展，实现共同发展。在职业教育发展过程中，要坚持党的领导，坚持工学结合、产学结合、产学城结合。对内积极构建中国特色高等职业教育体系，构建"教育立交桥"，促进技术型人才发展，培养符合社会主义核心价值观的"大国工匠"；对外要继续让中国高等职业教育走向世界，推动中国高等职业教育国际化发展，将中国高等职业教育的"国家名片"发给更多国家，进一步提高我国在全球的声誉。

经济全球化的今天，提升职业教育的质量，培养高水平、高质量的技术人才迫在眉睫。制造业是工业化大国中最重要的产业。中国成为世界制造中心，是一件值得庆贺的大事，这意味着，中国经过 100 多年的奋斗，

---

[1] 天津日报. 鲁班工坊为世界贡献职业教育"天津方案"[EB/OL]. (2022-08-16) [2022-08-16]. http://tj.news.cn/ztbd/2022sjzjdh/2022-08/16/c_1128918530.html.

[2] 天津日报. 我市积极构建职业教育国际合作新优势[EB/OL]. (2022-08-16) [2022-08-16]. https://jy.tj.gov.cn/JYXW/TJJY/202208/t20220816_5959679.html.

终于成为世界制造中心,这是中国人的骄傲。这是一个里程碑,我们还需要继续努力,中国争取早日成为世界创造中心之一。① 我国经济学者认为,中国制造业目前还面临着一些问题。第一,中国制造业面临亟待解决的问题。要素成本问题,工资成本问题,中国制造业成本增长成为企业面临的难题。此外,国际竞争激烈问题。还有,中国制造业企业长期居于制造业价值链的中端和低端,盈利空间狭窄,企业处境困难。资金普遍紧张,融资难,技术升级难,发展也难。由于中国制造业企业缺少国际知名品牌,在国际市场上知名度低。因此,中国制造业的出路在于自主创新和产业升级。第二,制造业企业自主创新和产业升级的要点。首先,通过制造业企业的自主创新和产业升级实现制造业价值链由低端上升到中端的位置,使一部分较为领先的企业升到高端位置;其次,制造业企业的自主创新和产业升级一定要与产业结构的优化和产业结构调整相配合;再次,位于价值链低端的劳动密集型中小企业需要自主创新,但是它们如何自主创新则是一个有待探讨的问题。② 无论是自主创新还是产业升级都需要高质量、高水平的技术人才,人才培养是当前教育工作的重中之重。

在全球化不断推进的今天,放眼海外,西方国家开展的职业教育是如何呢?例如,德国的孩子在上完四年基础教育后就开始分流了(也有六年制的小学),根据能力和成绩分别升入主要学校、实科学校、文科中学。主要学校即普通初中,学制五年。其学生毕业后可进入职业基础学校或全日制职业学校,接受三年职业教育。实科学校学制六年。其学生在第八学年开始按照学科重点进行分化,毕业后获得"中等阶段证书",有才能的学生可在第七学年后转入文科中学。文科中学即完全中学,学制九年,其学生毕业后即有高等学校的入学资格。这种分流是完全根据学生的能力而

---

① 厉以宁.大变局与新动力:中国经济下一程[M].北京:中信出版社,2017:272.
② 厉以宁.大变局与新动力:中国经济下一程[M].北京:中信出版社,2017:274.

定的，他们的家长并没有因为这种分流而有意见，或者让自己的孩子都上补习班去挤入文科中学。①

纵观我国职业教育的发展，尤其是高等职业教育的发展，我们可以发现，近年来，政府高度重视职业教育的发展，不断加大支持力度。尤其是《教育规划纲要》公布以后，政府加大了发展职业技术教育的发展力度，采取免收职业学校学生的学杂费、给其提供生活补贴、职业高中毕业生可以报考高等学校等一系列措施，吸引青少年报考职业技术教育。但是，人们对职业学校的歧视已经根深蒂固，这严重阻碍了我国职业教育的发展。从深层次来讲，重学术轻技术的思想是与中国传统文化中培养"君子"的教育目标相一致的②。君子是具有高深学问的人，是劳心者而不是劳力者，是不从事体力劳动的。技术掌握在劳动人民手中，但是君子认为这是雕虫小技，不屑一顾。以儒家学说为核心的中国传统文化只重视伦理道德，不重视科学技术。孔子不谈技术，连种田他都不谈。毛泽东在《青年运动的方向》一文中曾经提到孔子不要学生参加劳动。③ 究其根本，职业技术教育在老百姓的心目中地位仍然不高，广大家长还是愿意把孩子送到普通高中，送到四年制大学，特别是名牌大学读书。因此，千军万马过独木桥的局面并未改变。由于我国长期以来缺乏对职业技术教育的统筹设计和优惠政策，再加上传统文化"重学术，轻技术"和"学而优则仕"思想的影响，教育的恶性竞争依然是教育的顽症。政府加大职业教育投入的同时，应想方设法转变人们对职业教育的认识，转变已有的旧观念，用与时俱进的眼光、发展的眼光看待职业教育以及对职业教育有所期待与认可，如此一来，才能提升职业教育的生源质量，最终提升职业教育的整体质量。

---

① 王承绪，顾明远. 比较教育[M]. 北京：人民教育出版社，2012：73-74.
② 顾明远. 中国教育路在何方：顾明远教育漫谈[M]. 北京：人民教育出版社，2016：8.
③ 毛泽东. 毛泽东选集：第2卷[M]. 北京：人民出版社，1991：568.

第七章

结论与展望

软实力是指通过吸引而非胁迫或物质贿赂获得你想要的东西的能力。它源于一个国家的文化、政治理想和国内外政策的吸引力[1]。1995年—2004年，时任哈佛大学约翰·肯尼迪政府学院院长的约瑟夫·奈（Joseph Nye）创造了"软实力"一词，他描述了软实力与军事硬实力和经济实力的不同之处，以及软实力变得比过去更加重要的原因——主要是全球化和通信革命。约瑟夫·奈建议，高等教育领导者可以通过帮助人们更好地理解权利的本质以及增加国际学生、增加国际交流项目来增强美国的软实力。

软实力取决于塑造他人偏好的能力。一个国家之所以能在世界政治中获得它想要的结果，是因为其他国家欣赏它的价值观，想要追随它，将它作为榜样来效仿，并追求同等程度的繁荣和开放。从某种意义上来讲，在世界政治中设置议程并吸引其他国家也是同样重要的，而不是仅仅通过威胁使用军事力量或者经济制裁来强迫其他国家做出改变。因此，这种软实力使他人想你之所想，是拉拢而非强迫他人。全球化不断增强的今天，世界各国都在不断谋求增强自身的影响力和软实力。地处东亚的日本，由于其自身经济的低迷与教育的迷茫等相关因素的影响，不利于自身软实力的提升。

---

[1] NYE J. Soft power and higher education [C].//Forum for the future of higher education. 2005: 11-14.

第一节　主要结论

高等专门学校,在日本又简称为"高专"(KOUSEN)。我们需要对高专教育进行审视,同时,也需要对日本的大学教育进行审视。作为研究者,我们是基于如上两个目的对日本高等专门学校进行关注的,但是,在对高等专门学校开展研究的过程中,我们不但重新审视了日本高等专门学校和日本的大学教育,我们还发现了第三条道路,即"对终身教育的审视"。

经过研究,我们发现,日本的高专教育的确成绩斐然,但是,高专教育存在进一步改进的地方。关于高专教育,2008年中央教育审议会出台了政策,《关于充实高等专门学校教育》主要从"充实教育内容与教育方法""强化教育基础"到"在地区发展需求的基础上充实与完善专攻科""加强与社会、与海外的相关联系"等方面进行了较大篇幅的说明。

我们将研究的结果与答申的文件放在一起进行分析,能够更进一步理解日本的高专教育。我们在研究之初,便将"审视高专教育"作为研究的主要目的,我们对高专教育的审视不仅仅停留在高专的世界,主要目的还在于要从高专教育的成果中汲取有益的经验与做法,学习和借鉴这些有益的经验。因此,我们研究的目的,并不是着眼于制订高专教育的改革方案,而是综观这三个"发现",以制定出适合我国社会的高等教育政策。

面向实现"学习化社会"的高专模式,这一模式的突出特点主要在于,与学历相比,更重视毕业之后的学习与深造,也就是说要重视终身学习。学者矢野真和教授曾经提到,他第一次接触高专是在1986年。那时,他刚从大学毕业,在一家汽车公司就职。与他一起入职的新职员中,有一些来自高专的毕业生。矢野教授和那些高专毕业生一起参加公司的入职教育,一起参加培训,住在一个宿舍,所以他对高专毕业生的印象十分深刻。他发现，高专的毕业生非常优秀。这些高专的毕业生，虽说年龄上比大学毕业生还要小几岁，但是，他们不仅专业知识非常丰富，而且看起来待人接物也比较成熟稳重①。

日本高等专门学校最初创设是在1962年，全日本共计12所（1962年），均为国立的。自创设初期开始，高等专门学校作为一种新的学校类型，深受社会的欢迎，非常有人气，竞争也很激烈，成为名副其实的"难关校"。

在研究的过程中，我们分析的基本资料主要是日本厚生劳动省的"薪金构造基本统计调查"，根据日本政府的调查，对中学毕业（初中毕业），高中毕业，短期大学毕业，四年制大学毕业等不同学历毕业的薪水都进行了统计。呈现出来的主要特征之一，就是20世纪70年代后半期，短期大学毕业的男生，经济地位迅速下降。据统计，短期大学毕业的男生薪水与四年制大学毕业的男生薪水差距比较大，他们的薪水与高中毕业的男生薪水比较接近。由此可见，这便是导致越来越多的男生不再选择就读短期大学的主要原因。短期大学逐渐成为女生为主要生源的学校，可以说，这主要来自经济学的分析。

据统计，短期大学毕业的女生，经济地位与四年制大学毕业的女生相似。而短期大学也越来越受到女生的青睐。在日本政府的相关统计中，通常的做法是，将"高专毕业"和"短大毕业（短期大学毕业）"放在一起进行统计的，日本学术界的许多学者不禁质疑，"难道高专教育已经失去了曾经的优势了吗？"

根据现有的数据统计，高专毕业的学生与四年制大学毕业学生的收入存在差距，但是这个差距并没有日本政府官方统计的差距那么大。四年制

---

① 矢野真和等.高专教育的发现——从学历社会到学习历社会[M].东京：岩波书店，2018：217.

大学毕业生的薪水要比高专毕业生的薪水大约高8.8%[①]，硕士毕业生的收入比高专毕业生的收入高24%。而据日本政府官方的统计，"四年制大学毕业、硕士研究生毕业"的薪水比"高专、短大毕业"的薪水大约高30%，因此，我们分析，"高专、短大毕业"的薪水平均值并不是高专毕业生的薪水平均值，据估计，高专毕业生的薪水平均值更接近于四年制大学毕业生的薪水平均值。此外，从高专学生的学业成绩，职业变化等，我们可以发现，"高专没落说"并不是现实。

重新审视高专教育，并不仅是时代的变化，在思考当今大学改革基础上，重新审视高专教育是一个有益的视角。在研究中我们发现，"终身学习"是最重要的一个影响因素。也就是说，毕业后的不断学习，经验的积累与经常读书等学习的经历，对于高专毕业生的职业发展与职业提升都有重要的影响。

第二节　日本高等专门学校的困境

日本的工程教育发端于明治维新前后，在一百多年的发展历程中，日本的工程教育形成了独特的模式。它具有如下一些特点。第一，日本的工程教育是一种多层的结构模式。日本工程教育在明治期间逐渐形成了"工科大学—工业专门学校—工业学校"的三层结构模式。工业学校侧重于轻工业技术人才的培养，主要服务于本地产业发展；工业专门学校注重培养重化工技术人才，为国家及大工业带产业发展需求服务的特色十分鲜明；工科大学更重视工学教育，培养政府部门的技术官僚、国家战略性支柱行业的高级技术人才。这三层结构分工明确，较好地适应了工业化发展中不同产业类别、不同职能部门的发展需要。第二次世界大战结束后，日本经

---

① 矢野真和等. 高专教育的发现——从学历社会到学习历社会[M]. 东京：岩波书店，2018：219.

历了美军占领下的教育改革。经过改革的调整之后，工业专门学校基本升格为大学，工程教育从战前的三层结构演变为战后的双层结构，即大学工科教育——工业高中教育，但是职能基本沿袭了战前的职能分工，大学工科教育承担中高级工程技术人员的培养，工业高中培养熟练工人及生产一线的基层技术人员[1]。

一、困境之一：逃离理工科的危机

20世纪80年代以后，随着第三产业的发展，制造业在产业经济结构中的地位受到相对削弱，以金融服务业为主导的第三产业在就业机会方面远远超过其他行业，理工科学生的专业选择以及就业选择均受到了一定程度的影响。

第一，在专业选择方面，出现了逃离理工科的趋势。

从20世纪80年代中期开始，无论是高中阶段还是在大学阶段，攻读理工科的学生都出现了人数急剧下滑的趋势。日本的高中入学率从60年代开始持续增长。1960年初中升高中的比例为57.7%，1994年这一比例上升至95.7%。由于日本社会人口出生率急剧下降，少子化现象日益严重，日本高中生的总人数在1989年达到了最高峰，为564万人；此后逐年减少，到2008年仅剩337万人，这一数字与1989年相比，减少了40%。从工业高中人数的变化中也可以看到，1989年，工业高中的在校生人数达到了最高峰值，为49万人，此后人数持续下滑。至2008年仅为27万人，该人数与1989年相比，减少了43.7%。比较严重的是，工业高中在校生的人数在高中生总人数的占比也从1985年的9.2%下降到了8.1%。从相关数据和资料可以看出，高中生在专业选择中明显表现出逃离理工科的趋势[2]。

高等专门学校，尤其是工业高等专门学校的在校生虽然在同一时期出

---

[1] 汪辉.日本近现代工程教育研究[M].杭州：浙江古籍出版社，2011：265
[2] 中小企业厅编.《中小企业白书》[R/OL].[2011-12-10].http://www.chusho.meti.go.jp/pamphlet/hakusyo/h21/h21/

现了缓慢增长的趋势,即从 1985 年的 4.8 万人逐步增加到 2008 年的 5.9 万人,二十多年间学生总人数大约增加了 20%[1],但是其增加的人数远远抵不上工业高中学生减少的人数,总的来看,在培养基层工程技术骨干人员方面,日本从 80 年代中期开始就出现了严重的生源危机。

随着高等教育大众化的不断推进,日本的大学在校生总人数迅速增加,2008 年已经达到了约 252 万人,但是理工科学生总人数却不容乐观,理工科学生在大学生总人数的比例从 23.3% 下降到了 19.6%[2],与之相对,商学院的金融、证券、房地产等热门文科专业的学生人数所占比例连续上升,四年制大学的工学教育也面临生源危机。

第二,在择业选择方面,出现了逃离理工科的倾向。

首先,我们来看一下工业高中的情况。由于高等教育大众化的不断推进,越来越多的高中毕业生,其中包括很多工业高中的毕业生,在毕业后他们没有直接就业,而是选择了继续升学。2008 年高中毕业生的就业率仅为 18.9%,工业高中毕业生的就业率在 2008 年仅有 62.6%[3],大批工业高中的毕业生在毕业后选择继续升学,这对制造业造成了一定的影响。理工科大学生的择业方面,逃离理工科的倾向同样比较明显。自 1987 年开始,日本理工科学生就业于制造业的比例持续下滑。

根据日本中下企业厅 2009 年的相关调查,64.6% 的企业明显感觉到技术人才供给不足,在 50 人以下的中下企业,这一比例更是高达 70% 以上。根据文部省 2005 年的《科学技术白皮书》的推算,未来 25 年日本技术研发人员面临 100 万人的缺口。实际上,日本制造业自 20 世纪 90 年代以来,在世界市场所占的份额不断萎缩,其中一个主要因素就是技术人员不足导

---

① 中小企业厅编.《中小企业白书》[R/OL].[2011-12-10].http://www.chusho.meti.go.jp/pamphlet/hakusyo/h21/h21/

② 中小企业厅编.《中小企业白书》[R/OL].[2011-12-10].http://www.chusho.meti.go.jp/pamphlet/hakusyo/h21/h21/

③ 中小企业厅编.《中小企业白书》[R/OL].[2011-12-10].http://www.chusho.meti.go.jp/pamphlet/hakusyo/h21/h21/

致企业研发实力衰退。

二、困境之二：高专毕业生的迷茫

日本学术界的研究者认为，日本高等专门学校有一个形象的称号，叫作"隐藏的高专"。之所以获得这一称号，主要是高专的特点决定的。日本高等专门学校（以下简称高专），从制度上来说，是以培养在职业上具备一定能力的人为目的的。长久以来，高专培养的毕业生一般要具有作为技术人员应该掌握的基础知识与技能。但是，近年来，出现了这一奇怪的现象。高专的毕业生（一般学制为五年）在学习期满以后，并不是马上就业，而是选择通过考试编入四年制大学等学校进行深造。据相关数据统计，高专的毕业生中约有40%的人会选择继续在高等教育机构中深造。

2015年3月的高专毕业生中，大约有24%的人选择通过考试编入四年制大学进一步深造，大约有15%的人选择考入高专的专攻科进行深造。从毕业生选择的目标校来看，这些四年制大学包括高专毕业生的专属升学学校（当年主要为了满足高专毕业生的升学需求而特意设置），长冈技术科学大学和丰桥技术科学大学这两所大学，升入这两所大学的高专毕业生人数约占33%。在高专毕业生总人数中，约有60%的人考入国立大学。这些四年制大学，包括东京大学、京都大学、东京工业大学等一些知名大学。因此，社会上有人说，高专应成为"隐藏的学校"了，高专已经成为隐藏的、以升学为目的的学校。高专毕业生的就业率常年保持在100%，令人惊讶的是，近年来高专毕业生中居然有如此高的比例的学生选择去升学，这的确是一个值得关注的问题。

（一）关于高专毕业生的升学问题

在高等专门学校创立之初，高专毕业生的升学问题就一直被持续关注。在相关规定上是这样写的，高等专门学校的毕业生，根据相关规定，可以编入四年制大学。但是，由于高专与四年制大学在教学内容方面存在较大差异，（主要是专业科目与一般科目所占比重的不同），因此，四年制

173

大学在接收高专毕业生这个问题方面不是很积极，导致高专毕业生的升学出路就出现了"死胡同"的局面。这一情况一直被社会媒体所诟病与批判。日本高等专门学校创立于日本经济高速增长时期，主要是在为国家经济发展培养大量所需中级技术人才的特殊背景下。随着经济的快速发展，国民生活水平不断提高，学生及学生家长升入四年制大学的愿望不断增强。日本高等专门学校创立于1962年，这一年，四年制大学的男生升学率为6.5%，此后的10年间，四年制大学的升学率不断提高，1975年四年制大学的升学率已经达到了41%。在高专生的生源中，有许多学生的学习成绩优秀，学习能力出色，他们的成绩与学习能力与升入国立大学的学生相比丝毫不逊色，因此，高专毕业生中有许多学生希望在毕业后能够通过考试编入四年制大学中继续深造。

因此，在1971年，一部分国立大学的工学部特别预留了招生名额，主要是为高专毕业生预留了编入名额。1976年，为了方便高专毕业生继续升学，设置了两所技术科学大学。1978年，学校开始招生。两所技术科学大学的开设，有效解决了高专毕业生的升学难问题，20世纪80年代，高专毕业生的升学率为10%左右。

1991年，有两个与高专毕业生相关的政策进行了调整。首先，日本政府对大学设置基准进行了调整，主要是对四年制大学的编入问题进行了修订。日本国立大学工学部等相关学部与1985年相比，建议增加四年制大学编入学生的人数（高等专门学校的毕业生可以通过考试，进而编入四年制大学）。根据此次修订，1992年以来，编入四年制大学的学生人数迅速增加。甚至，有一些四年制大学以前是不接收编入学生的，现在不仅开始接收来自高等专门学校的毕业生编入大学三年级，而且可以接收的编入人数不断增加。2000年，高等专门学校的毕业生中约有四分之一的学生可以在毕业后编入四年制大学。由于能够接收毕业生进一步深造的学校不断增加，编入人数也不断增加，1995年以来，日本社会的大学入学率进一步上升，一部分高等专门学校的毕业生也在毕业后放弃直接就业，而是选择继续进入四年制大学进行深造。

(二)高专毕业生可以授予学士学位

随着日本高专毕业生升学的呼声不断高涨,日本政府决定在高等专门学校增设"专攻科"这一制度,高专的毕业生在完成专攻科相关课程的学习之后,可以授予"学士学位"。所谓"专攻科",主要是指日本高等专门学校的学生在接受五年高专的课程学习之后,通过考试,再进行为期两年的专攻科的学习,主要是进一步学习高度的知识与技术,接受相关教师的研究指导。也就是说,高等专门学校的学生在完成原来的五年制的学习之后,可以再进一步深造两年,通过专攻科的毕业考试之后,可以获得本科的学士学位。这样一来,初中毕业之后,日本学生通过七年的学习,其中五年为高专原来的课程,后面两年为专攻科的课程,就可以与四年制大学生一样,获得本科毕业生的"学士"学位。根据1991年《学校教育法》的修订,最初有两所高专设置了"专攻科",分别在奈良和新居滨。此后,根据政策的调整,日本全国各地的高等专门学校开始陆续设置"专攻科",2004年,日本几乎所有的国立工业高等专门学校都设置了专攻科,并且接受了学位授予机构的认定;2005年,日本所有的商船高专也设置了专攻科。据相关统计,每年高等专门学校的毕业生中约有15%的人选择升入专攻科进一步深造。[①]"专攻科"已经成为日本高等专门学校毕业生的一个继续深造的不错选择,也为想要继续深造的学生提供了一个很好的出路。

纵观日本高等专门学校六十年的发展史,"专攻科"的设置具有重要的历史意义。开设于高等专门学校的专攻科,其教育课程的难度和水平与四年制大学基本持平,专攻科的毕业生需要接受毕业考试等一系列资格审查,考试合格方可授予学士学位,该学位是经过学位授予机构认可的,该学位的含金量与四年制大学毕业生的学士学位同等重要。因此,"专攻科"的增设与学士学位的授予,这一改革对于高专毕业生与日本高等专门学校

---

① 矢野真和等.高专教育的发现——从学历社会到学习历社会[M].东京:岩波书店,2018:99.

的发展来说都具有特殊的重要意义。

第三节　未来展望

经济学者池田信夫认为，日本社会已经到了改革的关键时期，处于社会发展的三岔口。必须改革目前社会中的不公正且低效率的经济结构，实行再分配需要有经济发展做资金保障。因此，首先需要制订促进经济增长的相关政策。日本经济增长长期停滞的根本原因，在于人们对于未来的不安。要消除这种心理的不安，唤起整个社会的发展生机，就必须让人们重拾信心，让他们相信人人享有均等的机会，相信付出努力就会有回报[1]。日本社会走到了关键的十字路口。

一、日本社会的危机与困境

根据国际货币基金组织（IMF）的预测，2017—2023年世界各国名义GDP平均增长率，中国为9.83%，日本为2.72%，美国为3.86%。如果按照这一增长率计算，可以推测到2040年的发展变化。日本学者认为，2010年，中国的名义GDP和日本差不多，但是之后逐渐超过了日本，到了2018年几乎是日本的2.7倍；预计到2040年，中国的名义GDP将会达到日本的11倍。同样，2010年中国的名义GDP只是美国的40%，预计将在2026年超过美国，2040年将会是美国的2.3倍[2]。有学者认为，中国人口众多，拥有更多的能工巧匠、耕织能手和智慧过人的天才，因而在推动科学技术进步方面具有比较优势，一度在科学发现、技术创新、生产率提

---

[1] 池田信夫. 失去的二十年：十周年珍藏版 [M]. 胡文静, 译. 北京：机械工业出版社, 2022：295.
[2] 野口悠纪雄. 失去的三十年：平成日本经济史 [M]. 郭超敏, 译. 北京：机械工业出版社, 2022：223.

高、工业化程度和财富创造等方面占据领先地位，成为世界上最强盛的经济国家。一直到两三百年前，与中国相比，"西方国家基本上是一个贫穷落后的农业经济"。①

日本学者认为，雇佣年数超过30年，称得上是终身雇佣的也仅限于员工人数超过1000人的大企业，员工均为男性，而这群人（指终身雇佣者）在劳动总人口的比例只有8.8%②，所以，终身雇佣制不能称之为日本社会的历史传统。时至今日，在日本社会中也只有公务员或是大企业的高级白领是一种带有特权性质的雇佣形态。

第二次世界大战结束以后，日本劳资关系发生了一些变化。劳资双方围绕着生产管理展开了激烈的斗争，当时的劳动者追求"生产的社会性管理"，要求参与企业的经营管理，做企业的主人。20世纪50年代争论的焦点主要在于反对解雇。据统计，1957年日本企业中连续工作10年以上的劳动者的比率为15.8%③。因此，企业的经营者开始意识到解雇员工容易引起劳资纷争，他们开始转变策略，建立劳动组织，协调劳资关系，逐渐建立长期雇佣的体制（即终身雇佣体制）。在经济高速增长时期，随着经济快速发展的需要，终身雇佣制也进行了一些调整，逐步建立了岗位调换机制。20世纪90年代，由于经济不景气，雇佣过剩的情况越发严重，最后发展到企业内部无法解决。非正式员工作为调整的手段出现了。派遣劳动者在非正式员工中所占比例约为8%④，其余大部分都是合同工。综上所述，日本企业的雇佣机制随着市场的变化不断进行调整，20世纪50年代聚焦的是解雇员工的问题，60年代是岗位调换，70年代是调职，90年代

---

① CIPOLLA C M, Before the Industrial Revolution：European Society and Economy, 1000-1700, 2nd Ed [M]. New York：Norton, 1980：171.
② 野口悠纪雄. 失去的三十年：平成日本经济史 [M]. 郭超敏，译. 北京：机械工业出版社，2022：266.
③ 野口悠纪雄. 失去的三十年：平成日本经济史 [M]. 郭超敏，译. 北京：机械工业出版社，2022：267.
④ 野口悠纪雄. 失去的三十年：平成日本经济史 [M]. 郭超敏，译. 北京：机械工业出版社，2022：268.

是非正式员工的问题。如果说，90年代以前的岗位调整以及调职是企业内部的调整，是属于日式雇佣体制的内部调整，90年代以后这种调整机制逐渐失效，已经无法有效应对需求的变化，这也是日本经济长期处于停滞状态，时至今日依然止步不前的原因之一。

第二次世界大战以后，日本的经济高速发展，尤其是日本的制造业高速发展，竞争优势明显，创造了大量的财富。承担起财富再分配这一职能的是政治，官僚机构的权力正是来源于此。到了20世纪90年代，形势已经发生了根本性的变化，带动日本经济发展的出口产业受到了全球化的威胁，竞争力大不如前。在这种情况之下，如果还继续延续之前的"政治分配"，就会出现下一代人为上一代人买单的局面，上一代人享受了经济发展的成果之后，拍拍手走人了，留下一个烂摊子给后面的人。当下日本社会年轻人之间弥漫的闭塞感也正是源于他们对上一代人的不信任①。

学者傅高义认为，日本当前最需要的是，重新懂得什么是"国际化"，需要培养胸怀全球的政治家。迄今，日本所讲的"国际化"，可以说是按照日本自己的方便，去利用世界。其目的只是为了日本一己的利益，并不是为了改善包括其他国家在内的整个世界；日本虽然加入了国际社会，只是为了从世界上采购原料、引进技术，往往是胸襟狭窄，只为自己打算。②日本对外国的经济援助，只占其国民生产总值极小的比重，日本的对外援助几乎毫无例外地、明目张胆地为日本企业的利益服务。如果日本继续这样干下去，长此以往，就很难获得国际社会的尊敬和友谊。

二、日本教育的迷茫与出路

明治维新的领导人物及其能干部下在内的代表团成员一起巡游西方世

---

① 池田信夫. 失去的二十年：十周年珍藏版[M]. 胡文静，译. 北京：机械工业出版社，2022：294.
② 傅高义. 日本第一：对美国的启示[M]. 谷英，张柯，丹柳，译. 上海：上海译文出版社，2016：215.

<<< 第七章 结论与展望

界，寻找他们需要的最适合日本的发展模式。他们从英国学到了造船技术、航海管理、中央银行系统、铁路技术，以及君主对外新的体制；从法国学到了法律制度、防御工事建造技术及医学；从美国学到了现代农业、边疆区域的发展政策和公共教育；从瑞典和瑞士等国学到了弱国如何部署足够的军事力量来威慑更强大的邻国。① 最终对日本影响最大的还是德国模式。俾斯麦领导下的德国对日本来说十分具有吸引力，因为德国模式特点很突出，它反映出"落后"或"奋起直追"的国家要发展时面临的挑战，如何打造出一个统一的国家。如果我们仔细观察，就会发现日本的第一所大学——东京大学，正是1877年以德国的大学为蓝本创建的大学，德国的高等教育模式对日本也产生了深远的影响。

日本的现代教育起步于江户时代。江户时代的日本已经有了比较完善的教育普及机构，分别为幕府直辖学校、藩校、寺子屋、乡校、私塾等。在明治维新以前，"西学"已经传入日本有近300年的历史，大多明治维新志士接受过"西学"的启蒙，由此可以说日本的现代教育起步比较早。江户时代为明治初期输送了一大批学养高、训练有素、具有远见卓识的政治官僚来领导维新运动。1872年，《学制》制定，自1873年开始付诸实施，明治政府强制民众尽可能将子女送至小学上学，把最好的建筑提供给学校，并提倡女童上学。1900年日本文部省实行四年制免费义务教育，成为日本义务教育史上划时代的决策。1907年，日本儿童义务教育普及率达到97.8%，同年又将义务教育年限延长至六年。1910年日本儿童义务教育普及率几乎达到100%，日本也成为世界上第17个实施义务教育的国家。② 日本明治政府经费十分紧张，但是对于教育投入从不吝惜，文部省的经费是各部门中最高的，由此可见，日本明治政府对教育的高度重视。经过近30年的努力，日本明治政府在全国范围内基本普及了初等义务教育，速度

---

① R. 塔格特·墨菲. 日本及其历史枷锁 [M]. 李朝津, 译. 北京: 中信出版社, 2021: 68.
② 杨薇. 日本文化透视 [M]. 天津: 天津教育出版社, 2010: 198.

之快，世界为之瞩目，比美国早了4年，比法国早了10年，是世界上最早普及义务教育的国家，全面提高了国民的文化素质。

第二次世界大战结束后，日本高等教育的发展大致可以分为三个阶段①。第一阶段，20世纪60年代至70年代中期，大致为15年左右。历经了战后的改革，构建了崭新的教育制度，1950年前后四年制大学的升学率只有8%左右。但是这种状况到了1960年前后就发生了明显的变化，仅从四年制大学的情况来看，升学率从1950年的8%上升为1970年的17%，而后再上升到1975年的27%。1960年至1975年这15年间，可以说是日本高等教育实现大规模扩张的时期。高等教育虽然实现了大众化，但是细查，我们不难发现，日本的高等教育主要是通过私立大学来实现的，这里的私立大学主要指四年制的私立大学和私立短期大学。20世纪60年代以来，日本有70%的四年制大学生、90%的短期大学生均在私立高等教育机构中就读。而私立高等教育机构由于在经费、师资、设备等条件方面与国立大学、公立大学相差较大，因此教学条件与教学质量直接受到了影响。日本的高等教育从精英化走向了大众化，然后又逐渐走向了普及化。

创立于日本经济高速增长期的日本高等专门学校，是一种特殊类型的学校。它从初中毕业生中招生，学制五年。与四年制大学、短期大学相比，日本高等专门学校数量较少，不引人注目，多数为工科，从学校性质来说也是国立性质的学校占多数。但是就是这样一种类型的学校，为日本经济高速增长时期培养了大量技术人才。自1962年创设第一所高等专门学校开始，经过六十年的发展，时至今日，高专毕业生的就业率依然保持在100%。从某种角度上来讲，日本高等专门学校是日本政府在经济高速增长时期为适应经济发展需要，应日本产业界的呼声而设立的一种特殊类型的学校。这种学校以工科为主，主要培养中级技术人员，在日本的经济高速增长期（即1955—1973年）为日本的经济奇迹做出了一定的贡献。随着

---

① 金子元久，小林雅之. 教育的政治经济学［M］. 东京：放送大学出版社，2000：153.

日本高等教育大众化的不断推进，作为招生规模不大的日本高等专门学校，也及时进行了调整。例如，增设了商科等学科；出于高专毕业生的出路考虑，开设了专攻科；呼吁日本政府设置科学技术大学，两所科学技术大学的创立让更多的高专毕业生能够编入四年制大学进一步深造；此后，让更多知名的四年制大学加入到了接收高专毕业生的学校队伍中来，让高专毕业生的出路选择更加多样化……历经六十多年的发展，时至今日，日本高等专门学校的发展规模依然比较稳定。在日本全国范围来看，学校分布也比较均衡，更为难得的是，日本高等专门学校依然保持着较高的就业率，即使是在求职与就业冰河期，高专毕业生的就业率也几乎保持在100%，可以说，日本高等专门学校就是就业的金牌保障。探寻日本高等专门学校发展的奥秘，我们不难发现，保持小规模发展、凸显国立特色、创建专业特色课程、保持较高的就业率等这几方面是高专发展过程中的制胜法宝。在51所国立高专（2017年的数据）中，其中有几所难关校，考试竞争非常激烈，例如明石高专、丰田高专等。即使在日本高等教育步入大众化时代，甚至进入普及化阶段，或者说用日本学者的说法，日本的高等教育已经进入了"大学全入时代"，与四年制大学相比，高等专门学校作为一种特殊的学校类型，依然颇具特色，人气不减。

然而，从高等教育的发展来看，近年来，日本高等教育面临前所未有的危机。日本学者指出，目前日本的私立大学（包括四年制私立大学和私立短期大学）实际招生不到计划招生的一半，面临着生存危机。日本的私立大学主要的资金来源之一就是学生的学费，如果私立大学生源持续减少，学校经营将面临困境。日本综合研究开发机构（NIRA）在报告中建议，应该重新定义大学、文部科学省的功能，充分发挥大学的作用，让大学与企业携手以产学结合的形式为企业培养人才[①]。

在日本学者看来，中国的基础研究能力在快速进步，而日本论文的增

---

① 池田信夫. 失去的二十年：十周年珍藏版[M]. 胡文静，译. 北京：机械工业出版社，2022：287.

长率在进入21世纪以来有所下降，而且已经远低于世界平均水平，与此相对，中国的论文数却在大幅增长。根据美国国家科学基金会在2018年1月发布的报告，2016年论文发表数量的世界排名中，中国名列第一，美国名列第二，日本排名第六①。据相关统计，1995年至2005年，美国的论文数量居世界第一，日本紧随其后。如今日本的论文数量一直在减少，而中国的论文数量一直在增加。在高等教育方面，中国也已经达到了较高的水平。2018年9月，英国教育刊物《泰晤士高等教育》(Times Higher Education)公布了世界大学排名的情况，中国的清华大学在所有亚洲大学中排名第1位，世界排名为第32位；日本的东京大学在世界排名中为第42位，京都大学的世界排名为第65位。在世界排名前200位中，日本有2所大学（东京大学和京都大学），而中国有7所大学（包括清华大学等）。

纵观日本历史，我们不难发现，日本一直处在迷茫和自我矛盾之中。明治维新以前，日本一直用中华文明来定义自己②。例如，什么是日本的，什么是输入的，以及什么是从最初的中国模式演变来的。关于本国和输入的问题，几乎总是条件反射式地以中国为参照。但是，明治维新以后，西方成为日本的外部参照系。与中国不一样，这些西方国家威胁到了日本对内部事务的处理。让事情变得比较棘手的是，旧的参照框架依然存在，并不可避免地触及用来书写的日语汉字。日本对上述现实情况的集体反应，仿佛是一个移民或暴发户在拼命隐瞒自己的身世。随着明治维新逐渐取得了一些成果，日本对亚洲其他地区的蔑视越发严重，尤其是1895年甲午战争以后，这种蔑视更是达到了病态的程度③。日本在蔑视亚洲其他国家的同时，在"脱亚入欧"的口号下，对西方的模仿到了荒谬的地步，逐渐迷

---

① 野口悠纪雄. 失去的三十年：平成日本经济史［M］. 郭超敏，译. 北京：机械工业出版社，2022：221.
② R. 塔格特·墨菲. 日本及其历史枷锁［M］. 李朝津，译. 北京：中信出版社，2021：82.
③ R. 塔格特·墨菲. 日本及其历史枷锁［M］. 李朝津，译. 北京：中信出版社，2021：83.

失了自我。例如，有人主张学习西方，建议废除日语；在东京建立会馆，举办欧洲式的舞会；甚至吃牛肉成为身份的象征。正如日本学者安川寿之辅教授所说，人们应该对福泽谕吉的文明观进行重新审视与评价，目前之所以没有进行正确评价，究其根本，是日本社会没有对过去的侵略战争进行认真的反省。① 这也是日本的教育乃至日本的社会处于迷茫与困境的根本原因。日本社会只有正视历史，认真反省，日本的教育乃至日本社会才会迎来美好的未来。

---

① 杨薇. 日本文化透视 [M]. 天津：天津教育出版社，2010：198.

参考文献

一、中文部分
（一）中文著作

顾明远，薛理银．比较教育导论——教育与国家发展［M］．北京：人民教育出版社，1996．

野口悠纪雄．失去的三十年：平成日本经济史［M］．郭超敏，译．北京：机械工业出版社，2022．

张健，王金林．日本两次跨世纪的变革［M］．天津：天津社会科学院出版社，2000．

梁忠义．战后日本教育与经济发展［M］．北京：人民教育出版社，1981．

吴光辉．转型与建构：日本高等教育近代化研究［M］．北京：世界知识出版社，2007．

汪辉．日本近现代工程教育研究［M］．杭州：浙江古籍出版社，2011．

钱小英．日本科技与教育发展［M］．北京：人民教育出版社，2003．

胡建华．战后日本大学史［M］．南京：南京大学出版社，2001．

沈学初．当代日本职业教育［M］．太原：山西教育出版社，1996．

厉以宁．大变局与新动力：中国经济下一程［M］．北京：中信出版社，2017．

顾明远．中国教育路在何方：顾明远教育漫谈［M］．北京：人民教育出版社，2016．

北京市教育委员会．北京市高等职业教育质量年度报告2022［R］．北京：北京市教育委员会，2022．

北京财贸职业学院．北京财贸职业学院教育质量年度报告［R］．北京：北京财贸职业学院，2022．

北京工业职业技术学院．北京工业职业技术学院高等职业教育质量年度报告［R］．北京：北京工业职业技术学院，2022．

池田信夫．失去的二十年：十周年珍藏版［M］．胡文静，译．北京：机械工业出版社，2022．

R. 塔格特·墨菲．日本及其历史枷锁［M］．李朝津，译．北京：中信出版社，2021．

（二）中文期刊

于洪波．日本经济高速发展时期的教育政策述评［J］．河北大学学报（哲学社会科学版），2003（2）．

迟文岑．论日本的科技教育与经济腾飞［J］．烟台大学学报（哲学社会科学版），1997（1）．

项贤明．教室里的强国动力——教育在近现代世界主要国家崛起过程中的重要促进作用［J］．北京师范大学学报（社会科学版），2006（3）．

安俊．高等教育的活力来源于为社会服务——考察日本高等教育的启示［J］．辽宁师范大学学报，1991（2）．

梁忠义．战后日本教育与"经济高速增长"——关于"国民收入倍增计划"与长期教育计划问题［J］．外国教育研究，1979（1）．

杨小梅．战后日本经济发展与教育改革［J］．沈阳教育学院学报，2000（3）．

高益民．战后日本高等教育发展的阶段性特征［J］．比较教育研究，2003（12）．

高益民．美国高等教育模式在东亚的移植及其变种［J］．比较教育研究，2005（11）．

陈武元．日本经济高速发展时期高等教育的主动适应［J］．高等教育研究，1992（2）．

胡建华．百年回顾：20世纪的日本高等教育［J］．南京大学学报（哲学·人文科学·社会科学），2001（4）．

吕可红．日本高等专门学校的回顾与展望［J］．外国教育研究，2003（12）．

何屹．高等教育的困境与出路——以日本专门学校制度为核心的考察［J］．日本问题研究，2009，23（1）．

陆素菊．日本高等专门学校的制度沿革与基本特征［J］．全球教育展望，2009，38（6）．

陈丽萍．日本理工科扩充政策的史学考察［J］．湖南师范大学社会科学学报，2007（5）．

潘懋元，朱乐平．高等职业教育政策变迁逻辑：历史制度主义视角［J］．教育研究，2019，40（3）．

陈宝华．我国高等职业教育发展历程中的政策法规建设［J］．职业教育研究，2005（4）．

（三）其他

中国政府网．中共中央办公厅 国务院办公厅印发《关于推动现代职业教育高质量发展的意见》［EB/OL］．［2021-11-10］．http：//www.gov.cn/zhengce/2021/10/12/content_ 5642120. htm.

中华人民共和国中央人民政府．习近平：高举中国特色社会主义伟大旗帜 为全面建设社会主义现代化国家而团结奋斗——在中国共产党第二十次全国代表大会上的报告［R/OL］．（2022-10-16）［2022-10-25］．http：//www.gov.cn/xinwen/2022/10/25/content_ 5721685. html.

中华人民共和国教育部．教育部2022工作要点［EB/OL］．（2022-02-08）［2022-02-08］．http：//www.moe.gov.cn/jyb_ sjzl/moe_ 164/202202/t20220208_ 597666. html.

二、外文部分

（一）外文著作

海后宗臣．大学教育［M］．东京：东京大学出版社，1969．

草原克豪．日本的大学制度——历史与展望［M］．东京：弘文堂，2008．

天野郁夫．高等教育的日本结构［M］．东京：玉川大学出版部，1986．

金子元久，小林雅之．教育的政治经济学［M］．东京：放送大学出版社，2000．

野村平尔．大学政策、大学问题——资料与解说［M］．东京：劳动旬报社，1969．

T. J. 彭佩尔．日本高等教育政策——决定的机制［M］．东京：玉川大学出版部，2004．

天野郁夫．教育与近代化：日本的经验［M］．东京：玉川大学出版社，1997．

矢野真和等．高专教育的发现——从学历社会到学习历社会［M］．东京：岩波书店，2018．

文部省．产业教育九十年史［M］．东京：东洋馆出版社，1974．

小林一也．资料日本工业教育史［M］．东京：东洋馆出版社，2001．

风间效．战后工业教育的展开［M］．东京：东书房，1997．

文部省．产业教育百年史［M］．东京：行政出版社，1986．

CIPOLLA C M，Before the Industrial Revolution：European Society and Economy，1000-1700，2nd Ed［M］．New York：Norton，1980．

（二）外文期刊

寺门成真．专门学校的现状与施策［J］．月刊高校教育，2007（9）．

冢原修一．现在日本专门学校的教育目标［J］．月刊高校教育，2007（9）．

NYE，J. Soft power and higher education［C］//Forum for the future of higher education. 2005.

附录1

日本高等专门学校制度简略年表

1961 年度

1961 年 6 月 17 日

《学校教育法修订一部分的相关法律》（1961 年法律第 144 号）施行；

《学校教育法修订一部分的相关法律施行过程中相关法律的整理》（1961 年法律第 145 号）施行。

1961 年 8 月 17 日

《学校教育法施行令的一部分修订政令》（1961 年政令第 291 号）施行。

1961 年 8 月 30 日

《学校教育法施行规则的一部分修订省令》（1961 年文部省令第 22 号）施行；

《高等专门学校设置基准》（1961 年文部省令第 23 号）施行。

1961 年 9 月 29 日

《高等专门学校审议会令》（1961 年政令第 318 号）施行。

1961 年 10 月 26 日

《高等专门学校设置认可申请、教员资格认定等手续的相关细则》（1961 年文部省告示第 91 号）。

1962 年度

1962 年 4 月 1 日

学校设置

国立 12 所：函馆、旭川、平、群马、长冈、沼津、铃鹿、明石、宇部、高松、新居浜、佐世保。

公立 2 所：都立航空、都立工业。

私立 5 所：圣桥、金泽、大阪、高知、熊野。

1963 年度

1963 年 3 月 30 日

学校废止

私立：高知。

学校设置

国立 12 所：八户、宫城、鹤冈、长野、岐阜、丰田、津山、阿南、高知、有明、大分、鹿儿岛。

公立 2 所：大阪府立工业、六甲。

私立 2 所：几德、育英。

1964 年度

1964 年 4 月 1 日

学校设置

国立 12 所：占小牧、一关、秋田、茨城、富山、奈良、和歌山、米子、松江、吴、久留米、都城。

1965 年度

1965 年 4 月 1 日

学校设置

国立 7 所：钏路、小山、东京、石川、福井、舞鹤、北九州。

私立：铜荫学园。

1966 年度

1966 年 4 月 1 日 学校名称变更

公立："六甲"→"神户市立"。

1966 年 8 月 28-30 日"全国高等专门学校体育大会"（第一次）召开。

1967 年度

1967 年 3 月 1 日 学校名称变更

私立："熊野"→"熊野工业"。

1967 年 4 月 1 日 学校名称变更

私立："育英"→"育英工业"。

1967 年 6 月 1 日 学校设置

国立：木更津。

国立商船 5 校：富山、鸟羽、广岛、大岛、弓削。

学校名称变更

国立："平"→"福岛"。

1967 年 8 月 26 日"社团法人全国高等专门学校体育协会"成立。

1971 年度

1971 年 4 月 1 日 学校设置

国立电波 3 校：仙台、诧间、熊本。

1972 年度

1972 年 11 月 15 日"高等专门学校创设十周年纪念中央大会"举行。

1974 年度

1974 年 6 月 7 日学校设置

国立 2 所：德山、八代。

1976 年度

1976 年 5 月 25 日《国立学校设置法修订一部分的相关法律》（1976 年法律第 26 号）公布（关于长冈技术科学大学、丰桥技术科学大学的开设）。

1976 年 10 月 1 日长冈技术科学大学、丰桥技术科学大学开学。

1978 年度

1978 年 3 月 31 日 学校废止

私立：几德。

1979 年度

1979 年 3 月 31 日 学校废止

私立 2 所：圣桥、大阪。

1979 年度

1979 年 10 月 30 日"高专、技大恳话会"（第一次）举办。

1982 年度

1982 年 11 月 26 日"高等专门学校创设二十周年纪念祝贺会"召开。（《国立高等专门学校二十年史刊行》）

1988 年度

1988 年 8 月 11 日"创意对决全国高等专门学校机器人大赛"（第一次）举办。

1990 年度

1990 年 11 月 3 日"全国高等专门学校程序大赛"（第一次）举办。

1991 年度

1991 年 4 月 1 日 学校设置

公立：札幌市立。

1991 年 7 月 1 日

《学校教育法等的一部分修订法律》（1991 年法律第 25 号）施行（撤销学科领域限制，设置专攻科，授予准学士的称号）；

《学校教育法施行规则的一部分修订法令》（1991 年文部省令第 37 号）施行（撤销海外留学时所修的学分限制）；

《高等专门学校设置基准的一部分修订省令》（1991 年文部省令第 36 号）施行（组织构成弹性化、教育课程构成弹性化、履修形式弹性化、自我检查和评价、教员的资格、设施设备）。

1991 年 11 月 14 日学校废止

私立：铜荫学园。

1992 年度

1992 年 11 月 26 日"高等专门学校创设三十周年纪念祝贺会"召开。

《国立高等专门学校三十年史刊行》

2000 年度

2000 年 4 月 1 日学校名称变更

私立："熊野工业"→"近几大学工业"。

具有专攻科的高专进行 JABEE 认定申请（试行）（仙台电波）。

2001 年度

2001 年 8 月 2 日"全国高等专门学校技术教育大会 2001"

具有专攻科的高专进行 JABEE 认定申请（试行）4 所学校（宫城、小山、高知、新居浜）。

2002 年度

2002 年 10 月 1 日学校设置

国立：冲绳。

2002 年 12 月 20 日《国立高等专门学校四十年史》刊行。

2003 年度

2003 年 7 月 16 日《独立行政法人通则法》（2003 年法律第 103 号）

制定、公布。

2003年8月26—27日"全国高专技术大会"（第一次）召开。

2004年度

2004年4月1日独立行政法人国立高等专门学校机构设置。

第1期中期目标、中期计划、业务方法书制定。

2004年9月3-5日"全国高等专门学校设计大赛"（第一次）举办。

2005年度

2005年4月1日学校名称变更、校区变更

私立："育英工业（杉并）"→"Salesio（町田）"。

2006年度

2006年4月1日学校合并

公立：东京都立产业技术高专开学（东京都立工业高专与东京航空工业高专合并）。

2007年度

2007年12月26日《学校教育法等一部分修订法律》（2007年法律第96号）施行（根据公立大学法人设置高等专门学校）。

2008年度

2008年1月26-27日"全国高等专门学校英语发表大会"（第一次）举办。

2008年4月1日设置者变更

公立：都立产业技术（东京都→公立大学法人首都大学东京）。

2008年12月24日中央教育审议会答申

关于充实高等专门学校教育——制物技术的继承、发展与创新。

2009年度

2009年10月1日国立高等专门学校4校高度化再编

仙台高专（宫城高专与仙台电波高专合并）

富山高专（富山高专与富山商船高专合并）

香川高专（高松高专与诧间电波高专合并）

熊本高专（八代高专与熊本电波高专合并）

2010 年度

2010 年 1 月 31 日中央教育审议会答申

关于今后的学校职业规划与职业教育的现状。

2010 年 3 月 11 日东日本大地震

2010 年 3 月 31 日学校废止

公立：札幌市立。

2011 年度

2011 年 4 月 1 日设置者变更、学校名称变更

公立：大阪府立工业（大阪府）→大阪府立大学工业（公立大学法人大阪府立大学）。

校区变更：

私立：近几大学工业（熊野→名张）。

2012 年度

2012 年 4 月 1 日"一般社团法人全国高等专门学校联合会"创立。

2012 年 10 月 30 日"高等专门学校制度创设五十年纪念庆典"举行。

《高等专门学校 50 年的历程》刊行

附录2

日本高等专门学校入学人数一览表（1962—2011年）

年度	报考人数（人）	招生人数（人）	入学人数（人）	学生总数（人）	女生人数（人）	留学生人数（人）	高中毕业编入人数（人）
1962	29512	2570	2781	3375	35	——	——
1963	50390	4790	5107	8560	118	——	——
1964	45095	6390	6559	15398	226	——	——
1965	40843	7430	7465	22208	347	——	——
1966	30579	7910	7681	28795	484	——	——
1967	36012	8715	8790	33998	582	——	——
1968	35754	8955	9363	38365	610	——	——
1969	34362	9775	9927	41637	633	——	——
1970	31831	10055	10318	44314	673	——	——
1971	27117	10335	10301	46707	649	——	——
1972	24003	10290	10015	47853	649	——	——
1973	20776	10330	9908	48288	672	——	——
1974	22994	10345	10006	48391	726	——	——
1975	22986	9850	9540	47955	736	——	——
1976	24343	9760	9581	47055	761	——	——
1977	24515	9760	9539	46762	801	——	——
1978	26232	9800	9637	46636	826	——	——
1979	25591	9840	9715	46187	843	——	——

续表

年度	报考人数（人）	招生人数（人）	入学人数（人）	学生总数（人）	女生人数（人）	留学生人数（人）	高中毕业编入人数（人）
1980	25214	9840	9729	46348	917	——	——
1981	25657	9840	9764	46468	1017	——	——
1982	25022	9840	9814	46909	1128	——	——
1983	30436	9880	9985	47245	1310	——	——
1984	27906	9880	9968	47527	1515	——	——
1985	27233	10000	10207	48288	1723	——	——
1986	25306	10200	10432	49174	2023	——	——
1987	24183	10265	10439	50078	2432	——	——
1988	23240	10510	10824	50934	2997	——	——
1989	23482	10670	10986	51966	3753	——	——
1990	24947	10750	11127	52930	4677	——	——
1991	25196	10870	11191	53698	5856	——	——
1992	23663	10950	11300	54786	7060	——	——
1993	23535	10990	11240	55453	8216	——	——
1994	22750	11030	11175	55938	9162	——	——
1995	23315	11030	11313	56234	9966	——	——
1996	23016	11070	11269	56396	10329	——	——
1997	22950	11070	11277	56294	10545	——	——
1998	23611	11070	11306	56214	10611	——	——
1999	24334	11070	11330	56436	10587	——	——
2000	24315	10920	11225	56714	10624	——	——
2001	22529	10875	11316	57017	10492	——	——
2002	21454	10890	11253	57349	10393	——	——
2003	21822	10890	11335	57875	10215	——	——
2004	22212	11095	11572	58698	10141	419	402
2005	20924	11015	11345	59160	9835	452	266

<<< 附录2　日本高等专门学校入学人数一览表（1962—2011年）

续表

年度	报考人数（人）	招生人数（人）	入学人数（人）	学生总数（人）	女生人数（人）	留学生人数（人）	高中毕业编入人数（人）
2006	20273	10935	11340	59380	9612	455	318
2007	19512	10935	11312	59386	9370	460	244
2008	19401	10915	11304	59446	9285	463	233
2009	19273	10900	11279	59386	9306	474	222
2010	19078	10620	10924	59542	9359	472	226
2011	19409	10580	10873	59220	9397	470	202

注：1. "报考人数"和"入学人数"是指高专的具体人数（一年级到五年级）。
2. "学生总数"主要包括高专的具体人数（一年级到五年级），还有专攻科的学生人数，以及旁听生、进修生等在内的学生人数。
3. "留学生""高中毕业编入人数"只能查到2004年以来的数据。

致 谢

谨以此书衷心感谢一直以来关心北京化工大学文法学院高等教育研究所和国家素质教育基地发展的师长、领导、同事和朋友们!

衷心感谢尊敬的顾明远教授!

衷心感谢北京化工大学文法学院、国家素质教育基地以及高教所的领导、同事们!

衷心感谢北京师范大学教育学部国际与比较教育研究院高益民教授、首都师范大学教育科学研究院沈蕾娜副教授、中央教育科学研究院副研究员郭元婕老师、北京教育科学研究院研究员王晓燕老师、南京师范大学教育科学研究院项贤明教授!同时也要感谢日本名古屋大学教育发达研究科服部美奈教授和松本麻人副教授!感谢日本东京理科大学渡边忠温博士的热心帮助!

同时,也要感谢高教所以及文法学院公共管理系的学生们:北京化工大学文法学院公共管理专业2019级硕士研究生王玉珉和冯日新,公共管理专业2020级硕士研究生武亚琼和刘子迅,公共管理专业2021级硕士研究生段雅雯和曹诗洺,公共管理专业2022级硕士研究生梁艺晨、曹钰、王晶晶以及曹钰琳同学,感谢各位同学的大力协助!

北京化工大学国家素质教育基地　甫玉龙
北京化工大学文法学院高等教育研究所　于颖
2023 年 4 月 14 日